Maria Antas' Reise in die Welt des Putzens beginnt in der Kindheit. Als mit Eimer und Schrubber hantiert wurde, die Mutter den Boden noch auf Knien scheuerte, der Teppichklopfer aus Weidenholz zum Einsatz kam. Die Teppichstange Kindern als Turngerät diente. Als nach dem Wochenputz am Wochenende noch einmal alles »aufgefrischt« wurde (meist vom Vater), weil es ganz normal war, dass unangemeldet Gäste hereinschneiten. Zu Hause roch es frisch, alles glänzte, die Bettwäsche knisterte. Alles hatte seine Ordnung. Und Putzen war eine Tugend.

Heute heißt Ordnung Feng Shui und das Putzen delegiert man am liebsten an andere. Nicht so Maria Antas. Es ist eine Freude, zu sehen, wie sie aus dem Putzen wieder eine Tugend macht. Wie sie zu traditionellen Methoden zurückkehrt und trotzdem ein Loblied auf die Mikrofaser singt. Wie sie ihrer Leidenschaft fürs Mangeln frönt. Aber auf die nächste Folge von *Downton Abbey* verzichten will, weil ihr nicht gefällt, wie dort das weibliche Putz- und Küchenpersonal vorgeführt wird.

Maria Antas' Geschichten rund ums Putzen, von Kat Menschik hinreißend illustriert, bieten nicht nur eine beschwingte Anleitung zum Saubermachen, sondern auch eine heitere, aber durchaus ernst zu nehmende Kulturgeschichte des Putzens. Ihre Geschichten wecken selbst bei der modernsten Leserin den Wunsch, sich auf der Stelle eine Mangel anzuschaffen und sich zwischen frisch gestärkter und selbstbestickter Bettwäsche auszustrecken.

Maria Antas, geboren 1964, lebt in Berlin und, mit ihrer Familie, in Helsinki. Die Literaturwissenschaftlerin, Schriftstellerin und Journalistin war lange Jahre Projektleiterin bei FILI (Finnish Literature Exchange) und verantwortlich für das Literaturprogramm FINNLAND.COOL – Ehrengast der Frankfurter Buchmesse 2014.

Kat Menschik, geboren 1968, lebt mit ihrer Familie in Berlin und auf dem Land. Sie arbeitet für Zeitungen, Magazine und Buchverlage. Zuletzt ist im Insel Verlag erschienen: Veronique Witzigmann und Kat Menschik, *Das Marmeladenbuch*.

Ursel Allenstein, geboren 1978, lebt in Hamburg. Sie übersetzte u.a. Kim Leine, Kjersti Annesdatter Skomsvold und Sara Stridsberg. Für ihre Übersetzungen wurde sie mehrfach ausgezeichnet.

Maria Antas

Wisch und weg

Ein Buch über das Putzen

Aus dem Finnlandschwedischen von Ursel Allenstein

Mit Illustrationen von Kat Menschik

Insel Verlag

Titel der Originalausgabe:
En stor bok om städning
First published by Schildts & Söderströms, Helsingfors 2013

Die Originalausgabe wurde für die deutsche Fassung in Zusammenarbeit mit der Autorin vollständig durchgesehen.

Der Verlag dankt FILI – Finnish Literature Exchange für die Förderung der Übersetzung

FILI
FINNISH LITERATURE EXCHANGE

Erste Auflage 2015

Druck: Kösel, Krugzell
Umschlag: Kat Menschik
Printed in Germany
ISBN 978-3-458-17629-9

Tag I

Ich putze auf den Knien Ich knie vor der Toilette und versprühe ein Putzmittel, das den Schmutz aus den Fugen zwischen den kleinen Kacheln lösen soll. Wer um alles in der Welt ist schuld daran, dass die Kacheln so klein sind, drei mal drei Zentimeter? Der Vermieter natürlich. Aber ich habe auch meinen Teil dazu beigetragen: Ich hätte wissen müssen, dass man in Fugen Ruß, Fett, Menschen- und Hundehaare, Hautpartikel und abgeschnittene Nägel besonders gut sehen kann. Meine Fugen sind, wie üblich, schwarz-grau.

Ich lasse das Wundermittel auf den Schmutz einwirken, spritze etwas Wasser aus der limettengrünen Plastikflasche auf den Boden und hoffe, dass es den Partikeln ordentlich zu Leibe rückt. Ob das funktioniert?

Einige Minuten später, inzwischen habe ich die Wäsche sortiert, nehme ich die Spülbürste zur Hand und fange an, den Schmutz aus den Fugen zu schrubben. Jetzt nehmen die weißen Borsten den Dreck auf, am Bürstenkopf sammelt sich eine schwarze Masse. Eigentlich müsste ich sie jetzt herauspulen, ohne mich allzu sehr davor zu ekeln. Aber immer mit der Ruhe. Eine Bürste kann viel Last aufnehmen, und da soll sie auch bleiben, bis auf weiteres.

•

Ich weiß viel über das Putzen, doch inzwischen sträube ich mich dagegen, meine Theorie in die Praxis umzusetzen. In den Sechziger- und Siebzigerjahren, in denen ich aufgewachsen bin, war in Kinderliedern, Büchern und anderem pädagogischen Material viel von Tugenden die Rede. Im Volksschullesebuch meines Bruders gab es eine Erzählung über eine Putzfrau, ich glaube, sie hieß Mina. Über den Inhalt weiß ich nicht mehr viel, nur dass es eine Mina gab, die den Boden auf Knien scheuerte.

Ein anderes Idol war *Kungens lilla piga,* die kleine Magd des Königs. Ich kann mir nicht vorstellen, dass dieses eintönige Lied über deren Fleiß und Genügsamkeit heute noch in den Kindertagesstätten gesungen wird. Sie putzt, füttert die Katze, bringt dem kleinen Prinzen das Laufen bei und wacht auch dann noch, wenn alle anderen längst schlafen. Vor allem aber hat sie »blendende Laune«. Unsere heutige Kinderwelt funkelt auch, aber in den letzten Jahren bin ich darin nicht gerade oft auf Putzfrauen, Mägde und andere fleißige Frauen gestoßen.

Tugenden sind langweilig geworden. Niemand will mehr rechtschaffen sein, denn rechtschaffen ist dumm. Und dumm sollte man nicht sein, smart sein ist viel angesagter. Einer der rechtschaffensten Menschen, den ich kenne, hat es mir übel genommen, als ich seine Fürsorge für seine vergessliche alte Mutter und einen behinderten Freund als »rechtschaffen« bezeichnet habe.

•

Natürlich sind Kacheln im Bad schön; sie glänzen hübsch und verkörpern Hygiene, genau wie in Krankenhäusern. Aber diese grauen Fugen stimmen mich doch nachdenklich. Sind sie ein Familienstresstest? Es ist schon merkwürdig mit den verschiedenen Materialien und ihrer Aura. Die ersten Innentoiletten neben den winterlich kalten Windfängen meiner Verwandten auf dem Land waren noch in den Siebzigerjahren mit Plastik ausgekleidet und rochen mild nach Kuhstall. Sie waren rein, weil die Materialien glatt und zuverlässig wasserdicht waren. Auf dem Boden lagen dicke Gummimatten, die Wände waren halbhoch mit großen Plastikplatten Kante auf Kante verkleidet. Leicht sauber zu halten, sehr leicht. Kaum Fugen.

Wie die Putzfrau Mina war auch meine Mutter der Meinung, es sei am besten, den Boden auf den Knien zu wischen. Für Staubsauger und Wischmopps mit langem Stiel hatte sie nicht viel übrig. Wir zogen einen alten Pullover über die Scheuerbürste, damit der Staub nicht aufgewirbelt wurde. Dann holten wir den Eimer und das Putztuch, das aus einem weiteren alten Kleidungsstück (zumeist ein Herrenunterhemd) bestand. Anschließend wurde sorgfältig geschrubbt und gescheuert. So konnte man die Flecken aus nächster Nähe mühelos erkennen und zusehen, wie sie sich lösten und im Putztuch verschwanden. Wenn man leicht gebeugt anderthalb Meter über dem Boden einen Mopp in der Hand hält, geht das nicht. Außerdem hatten Mina und die kleine Magd des Königs mir vorgeführt, wie schön es ist, ordentlich zu wienern, auf den Knien. Ich war ein Profi.

•

Beim Putzen ging es immer schon um die richtigen Geräte und Reinigungsmittel. Mittlerweile wische ich mit Mikrofasermopps, die auf glatten Oberflächen den Staubsauger ersetzen können. Was die Staubsauger betraf, hatte meine Mutter natürlich recht, denn manche von ihnen bliesen die Partikel, kaum hatte man den Staub mit der Düse eingesaugt, durch den Filter wieder zurück ins Zimmer. Heutzutage sind die Geräte wohl technisch ausgereifter.

Es ist oft nicht einfach, die Innovationen auf dem Reinigungsmarkt richtig einzuschätzen. Ich habe den Verdacht, dass ich für das Testen der neusten Putzgeräte und Putzmittel in bunten Flaschen genauso anfällig sein könnte wie die Leute, die regelmäßig ihre Handys und Fernseher austauschen. Was da alles in den Ladenregalen lauert: all die verschiedenen Milchprodukte, Brotbeläge, Kartoffelchips – und Putzsachen. Von ein und demselben Mittel gibt es so viele Sorten, dass ich sie kaum überblicken kann, wenn ich vor dem Regal eines Supermarktes stehe. In den Internetshops verliere ich schon nach ein paar Minuten die Übersicht. Vielleicht braucht man für das perfekte Putzen nicht mehr als ein ausgedientes Unterhemd, das zwischendurch gründlich gewaschen und auf dem Balkon getrocknet wird. Aber auf meinen Mikrofasermopp will ich doch nicht verzichten. Nicht alle alten Gewohnheiten sind es wert, dass man sie beibehält.

•

Ich war Au-pair in einem anderen Land. Die Familie bestand nur aus zwei Personen, ein Ehepaar in den Sechzigern. Bei ihnen gab es eine Abstellkammer, eigentlich eher ein kleines Zimmer mit Regalen vom Boden bis zur Decke. Darin standen unterschiedliche Flaschen und Gerätschaften, die allesamt etwas mit Sauberkeit zu tun hatten. Die Dame des Hauses war Ärztin, also war es nur verständlich, dass ihr Hygiene auch in den eigenen vier Wänden wichtig war. Andererseits: Wie viel Schmutz können zwei Menschen, die um achtzehn Uhr von der Arbeit kommen, bis zum Zubettgehen machen? Ziemlich viel offenbar. Jeden Tag ging ich nach meinem Sprachkurs zu ihnen nach Hause, aß gemeinsam mit der Frau zu Mittag und begann um dreizehn Uhr mit dem Putzen. Gegen halb sechs löschte ich die Lampen und kehrte zurück in meine Wohnung. Jeden Tag dasselbe Programm. Vorher ging die Ärztin stets eine Liste über die mangelhaft ausgeführten Putzaufgaben vom Vortag mit mir durch. Sie zeigte mir Streifen, Flecken und Staub, die meinem Blick und meinen Lappen entgangen waren. Beschämt stand ich daneben, betrachtete mein Versagen und gelobte, meine Sache am nächsten Tag besser zu machen.

Es genügte dem Arztpaar nicht, wenn ich im Badezimmer eine Bürste benutzte, um das Waschbecken, die Toilette und den Duschabfluss zu reinigen. Es musste natürlich eine Zahnbürste sein. Beim Militär wurde die Zahnbürste früher als Putzgerät eingesetzt, sie war ein Symbol der Demütigung. Aber das war zu einer Zeit, als die Armee noch keine Frauen rekrutierte, und es schien mich nichts anzugehen. Jetzt werkelte ich mit der kleinen Bürste in den Fugen und rings um die Abflüsse herum. Inzwischen bin ich souverän genug, um zum Kloputzen wieder eine normale Bürste zu benutzen. Nie wieder zurück zur Zahnbürste, niemals.

Aber die Zahnbürste und die zahllosen Dosen und Flaschen waren durchaus nützlich, damals, während meiner Zeit als Au-pair. Flecken kann es ja überall geben, selbst unter den Sitzflächen von

Stühlen. Dort mit dem Lappen zu wischen, war mir tatsächlich nicht eingefallen. Und die richtige Pflege von Ledermöbeln ist eine Wissenschaft für sich, weil unterschiedliche Polituren zu höchst unterschiedlichen Ergebnissen führen. Ich habe mehrere Sorten getestet. Wie sich herausstellen sollte, enthielten einige davon Silikon, das die Lederoberfläche allmählich austrocknete und rissig machte. Aber das sah ich nicht mehr mit eigenen Augen, denn ich wurde gefeuert, bevor die Katastrophe ans Tageslicht kam.

•

In meinem Elternhaus standen das Lüften und Ausklopfen der Teppiche im Mittelpunkt unserer Putzrituale. Jeden Freitag trugen wir unsere Läufer auf den gemeinschaftlichen Putzbalkon des Mietshauses (ob es so etwas immer noch gibt?). Sie wurden lange gelüftet, während wir den Boden unserer Wohnung vom Staub befreiten und dann auf Knien scheuerten. Zum Schluss schüttelten wir den Staub aus den Teppichen, sahen, wie er davonrieselte, und brachten die frische Luft mit in die Wohnung.

Zusätzlich wurden die Läufer in regelmäßigen Abständen auch zu den Teppichstangen im Hof des Mietshauses getragen. Diese Eisenkonstruktionen sind inzwischen wohl auch aus unserem Lebensalltag verschwunden. Die Teppiche wurden über die Stange geworfen, und mit einer merkwürdig gebeugten Körperhaltung attackierten wir mit dem Teppichklopfer noch den hartnäckigsten Schmutz. Wobei wir trotz aller Kraftanstrengung dennoch am liebsten keine Staubwolken sehen wollten. Schande über den, aus dessen Teppichen üppige Staubwolken aufstoben. Denn nach dem Auslüften am Freitag sollte das Ausklopfen auf dem Hof eigentlich nicht mehr nötig sein. Niemand wollte gern vor den Augen anderer Staub aufwirbeln. Wir taten es trotzdem.

•

Teppichklopfer und Besen sollten von guter handwerklicher Qualität sein. Lange, teilweise bis heute, wurden die Klassiker in Blindenwerkstätten hergestellt. Die Teppichklopfer waren aus Weidenrohr, das den Bewegungen einen Schwung verlieh, der den Plastikmodellen in der Winterkälte versagt blieb; sie erstarrten in ihrer Form und zerbrachen irgendwann. Das Rohr überstand dagegen alle Wetterlagen. Nur das Weidenband, das die ganze Konstruktion zusammenhielt, lockerte sich nach einer Weile und löste sich ab. Dann wurde es durch Gummibänder ersetzt, die der peitschenden Bewegung, mit der ein solcher Klopfer durch die Luft pfeift, ebenfalls standhalten konnten.

Teppichklopfer waren ausgezeichnete Geräte, wenn auch ein wenig überflüssig. Andererseits lockerten sie die Oberfläche des Teppichs, und man hatte einen willkommenen Anlass, mal wieder an die frische Luft zu gehen. Ja, die Ausklopfer waren doch zweifellos nützlich.

•

Das Design finnischer Besen war schon immer merkwürdig. In Entenhausen hatten die Haushaltsbesen lange komfortable Stiele. In Finnland dagegen waren die Standardbesen nur sechzig oder achtzig Zentimeter lang. Der Stiel verlief in einem feinen Bogen. Das sah zwar schön aus, zwang die Benutzerin jedoch dazu, sich äußerst unergonomisch in Richtung Boden zu beugen. Man hatte keine Chance, seinen Blick in die Ferne schweifen zu lassen, den Träumen entgegen.

Der unbequeme Besen wurde standardmäßig durch eine Schaufel mit einem sehr kleinen Griff ergänzt. Dieser Schaufelgriff war so kurz, dass man sich noch weiter bücken musste, um Besen, Dreck und Schaufel zusammenführen zu können. Seltsamerweise war die Schaufel auch stets schmaler als der Besen, sodass ein Teil des Staubs und Schmutzes immer liegen blieb. Und warum war das so? Weil dieses minimal gestaltete Arbeitspaar in einen kleinen Schrank passen sollte; die Putzkammern gehörten damals noch nicht zur Grundausstattung der Wohnungen, auch nicht der Bauernhöfe.

•

Meine Güte, was mussten wir Frauen im Laufe der Zeiten knien und buckeln.

•

Über die Jahre hat eine gewisse Produktentwicklung stattgefunden. Die Firma Sinipiika (die heute Sinituote heißt) brachte in den Sechzigerjahren Putzgeräte auf den Markt, die Rückenbeugen überflüssig machten. Der Stiel der Besen wurde gerader und länger, und auch die entsprechenden Schaufeln wurden mit langen Griffen ausgestattet. Ich muss oft an den ursprünglichen Namen des Unternehmens denken: Sinipiika. Sini oder sininen heißt blau, und das erinnert wie das blaue Firmenlogo an die finnischen Nationalfarben. Der zweite Teil des Namens, piika, die Magd, hat uns Frauen überraschenderweise lange nicht gestört, obwohl dieses Wort genauso veraltet ist wie dicke Wollstrümpfe mit Strumpfband. Laut Firmenchronik war Sinipiika ein Waldwesen, das den Wald säuberte und verschönerte.

In den Achtzigerjahren wurde dem Unternehmen klar, dass man dem Produkt aus Gründen der Gleichberechtigung besser einen anderen Namen gab, weshalb man die Kampagne Sinipoika startete – »blauer Junge«. In einem alten Werbefilm ist eine Gruppe finnischer Männer unterschiedlichen Alters zu sehen. Sie tragen Trainingsanzüge in den Farben der finnischen Nationalmannschaft und Sportschuhe. Ihr Putzgerät mit den langen Stielen haben sie erst wie Waffen geschultert und schieben es schließlich tanzend und feudelnd zu den Klängen eines Wiener Walzers durch die Wohnung, bis die Tür geöffnet wird und ein weiblicher Vamp im Look der Zwanzigerjahre hereinspaziert. Statt des Walzers ertönt jetzt hektische Klaviermusik wie in einem Stummfilm. Den Männern vom Putztrupp steht die Angst ins Gesicht geschrieben. Der Vamp weist sie mit strengem Blick auf einen Schmutzfleck auf dem Teppich hin, und die Männer begreifen: Sie haben nicht ordentlich geputzt. Sie schämen sich.

•

In der Werbung stoße ich immer wieder auf dieselben Klischees über Männer und Frauen. Und selbst wenn die Rollen vertauscht werden, bleibt das Drehbuch doch dasselbe.

•

Vor ein paar Jahren fand ich bei IKEA – wo sonst – einen Besen, der mich an den Besen von Donald Duck erinnerte. Der Stiel hat meine Länge. Der Besen ist genauso breit wie die Schaufel, deren Stiel mir bis zur Hüfte reicht. Perfekt. Noch dazu ist dieses Putzset ansprechend rot. Allerdings bildete sich in der Schaufel – wie vorauszusehen war – schon nach kurzer Zeit ein Riss, sodass der Dreck nun teilweise darunter landet anstatt darauf.

Wie es um die Personalstärke der Blindenwerkstätten bestellt ist, weiß ich nicht, aber ich hoffe, dass sie ihre Produktpalette erweitern werden, sodass eines Tages alle, Frauen wie Männer, mit rankem Rücken und mit Geräten aus Holz fegen können. Der Stiel der klassischen Besen ist elegant und schön, aber nach wie vor höchstens achtzig Zentimeter lang. Und damit eindeutig zu kurz.

•

Das Geräusch des Teppichklopfens klingt heute genauso ungewohnt wie die schrillen Schreie spielender Kinder in Innenhöfen.

Letzten Sommer spielten plötzlich einige Kinder aus unserem großen Mietshaus nachmittags im Hof. Ball, Springseil, Fangen, auf den Geräteschuppen klettern, Balanceakte in Abwesenheit der Eltern. Manchmal irritierten mich ihre Geräusche. Ich wohne im Erdgeschoss, und die Kinderstimmen hallten zwischen den Wänden wider, wie es auf einem von hohen Häusern umgebenen Innenhof nun einmal so ist. Sie drangen durch das offene Fenster, und ich konnte mich nur schwer auf das Buch konzentrieren, das ich, auf dem Bett liegend, las. Ich schämte mich meiner engstirnigen Gereiztheit – hatte ich mir doch stets mehr Leben, mehr Schönheit, Sitzgelegenheiten und Klettergerüste in unseren Innenhöfen gewünscht, die allzu oft nur von Asphalt und parkenden Autos geprägt waren. Ich war selbst in die Falle der Ästhetisierung meines urbanen Alltags getappt: Er sollte angenehm und schön sein, und am liebsten auch möglichst leise.

•

Wohnzeitschriften, Gartenmagazine ebenso, machen einem das Leben schwer. Sie erheben die Ästhetisierung des Privaten zur Norm und verursachen mir Atemnot. Ich sehe durchaus ein, dass die Zeitungen mit ihren hübschen Bildern anregend und inspirierend sein können, genau wie Carl Larssons Gemälde vom Hof Sundborn, in dem er mit seiner Frau Karin lebte und das bei den Menschen die Lust weckt, ihr Heim zu verschönern, und das schon seit hundert Jahren. Doch all diese schönen Bilder erzeugen mit der Zeit auch Schamgefühle, wenn sich die eigene schmutzige Wirklichkeit nicht mit den durchgestylten Wohnungen messen kann. Glauben Sie mir ruhig, ich weiß, wovon ich spreche, denn ich habe schon auf beiden Seiten gestanden.

Vor einigen Jahren wurde unser Sommerhaus in der kleinen Hafenstadt Hanko für die Zeitschrift *Maalaisunelma,* Landleben, fotografiert. Ein bisschen lustig ist es schon, dass ausgerechnet unser kleines Haus, das im Zentrum von Hanko an einer der beiden großen Durchfahrtsstraßen liegt, in diesem Magazin präsentiert wurde. Seine Lage ist, gelinde gesagt, städtisch. Aber wir haben es mit Flohmarktmöbeln und alten Handarbeiten ausgestattet und gaben ihm damit den Anschein eines Landhäuschens, wie es vor ein paar Jahrzehnten ausgesehen haben mochte. Und ich räume gerne ein, dass auch ich hin und wieder einen nostalgischen Blick zurückwerfe und darüber nachdenke, wie die guten Dinge aus früheren Zeiten in einer ultramodernen Welt wieder zum Einsatz kommen könnten.

•

Es kam der Tag der Aufnahmen. Der Fotograf und die Journalistin waren freundlich, sie lobten unser kleines Haus, und dann wurde es fotografiert, von außen und innen, Zimmer für Zimmer. So wurde ein Idyll für die Leser von *Maalaisunelma* geschaffen. Mein Mann, der im Sommer für gewöhnlich Bücher schreibt, zeigte seinen Schreibtisch mit der frisch abgeschliffenen und geölten Platte. Die ganze Familie versammelte sich zum Nachmittagskaffee auf der Veranda. Das Licht war mild, der Kaffee war gut; jeder konnte sich ein Bild davon machen, wie schön unser Leben war.

Die Bilderstrecke später war wunderbar, der Text ebenso. Vor dem Fototermin hatte ich allerdings geputzt wie eine Irre und Blumen und Kräuter in patinierten Metalltöpfen gekauft. In einer Einrichtungsreportage dürfen echte Pflanzen nicht fehlen, die Zeitschriftenredaktion hatte mir für diese Aktion fünfzig Euro zur Verfügung gestellt.

Ich wäre beinahe neidisch auf die Menschen in dem kleinen Haus geworden, hätte ich nicht selbst darin gewohnt.

•

Zwei Jahre später breitete sich ein merkwürdiger Geruch im Haus aus. Da mein Mann nicht gern schlechte Nachrichten hört, erwähnte ich den immer aufdringlicher werdenden Mief, den ich mit Schimmel in Verbindung brachte, mit keinem Wort. Die Quelle des Übels verortete meine Nase unter dem Küchenfußboden. Als einige Tage später mein kluger Schwiegervater zu Besuch kam, brachte ich den Gestank, den ich zu bemerken glaubte, zur Sprache. Ja, doch, mein Schwiegervater hatte es auch gerochen, ebenso mein Mann, und zwar schon länger. Aber er hatte mich nicht beunruhigen wollen. Mitunter sind der Gemahl und ich ein wenig zu rücksichtsvoll im Umgang miteinander. Andererseits spart man Energie für schlechtere Zeiten, wenn man nicht viel Aufhebens macht um kleinere dunkle Wolken am Horizont wie Modergeruch in der Küche.

Und schlechte Zeiten kommen immer, so auch diesmal. Der Schimmelgeruch war nicht mehr zu leugnen, und gleichzeitig hatten sich viele Gäste angesagt. Sie ins Haus zu lassen, wagten wir nicht, denn Schimmel ist gesundheitsschädlich. Doch als gute Gastgeber richteten wir die Einladung trotzdem aus – Fenster und Türen standen weit offen, und es wurde eine Art Gartenfest daraus. Zum Glück ist ein Sommeressen leicht zuzubereiten, man braucht keine aufwendigen warmen Gerichte. Bei Sommerfesten kann man eigentlich kaum etwas falsch machen.

Nach dem Fest wurden wir mit der grausamen Wirklichkeit konfrontiert. Die Männer von der Baufirma krochen unter das Haus und holten Teile von Balken hervor, die einmal aus frischem Holz gewesen waren. Jetzt waren sie trocken wie Zunder und zerbröselten, sobald man sie anfasste. Wir hatten in unserer Küche buchstäblich auf Luft gestanden, der Boden und wir hätten jederzeit ins Dunkel des Kellers stürzen können.

Schimmel hatten wir nicht unter der Küche, aber der gesamte Unterbau war schlicht und ergreifend durchgefault. Ein paar Wochen später rief der Mann von der Baufirma noch einmal an und berichtete, dass sich die Fäulnis auch auf Teile der Außenwand und unter dem gesamten Wohnzimmerboden ausgebreitet hatte.

•

Unser Idyll stank nicht nur, es war auch verrottet. Aber die Bilder waren schön: Wir spiegelten uns im eifrigen Blick des Fotografen, und wir waren sehr glücklich. Der Schein trog nicht in jeder Hinsicht.

•

Im darauffolgenden Sommer wurde in einer anderen Wohnzeitschrift ein weiteres Haus in Hanko präsentiert. Es war die Reportage über eine Familie aus Helsinki, die ihren Wohnort gewechselt und damit auch ihr Leben verändert hatte. Die Einrichtung war geschmackvoll rustikal und maritim, so wie es dem Stil einer legendären Hafenstadt entspricht. Die Krux des Ganzen – das, was mich quälte, als ich den Text las und das schöne Interieur betrachtete: Das Haus stand zur selben Zeit schon zum Verkauf. Die Eltern hatten sich scheiden lassen, übrig waren nur die hübschen Hochglanzbilder und eine bereits veraltete Familiengeschichte.

Trauen Sie niemals den Reportagen in Wohnzeitschriften. Entweder ist vor den Aufnahmen ein großes Reinemachen veranstaltet worden oder kurz danach.

•

Zur idyllischen Familie gehören natürlich auch die Kochzeitschriften. Ich ignoriere sie vornehm, obwohl ich für ein gutes Essen zu haben bin.

Einige dieser Zeitschriften weigern sich konsequent, ihre Leserinnen und Leser mit hyperästhetischen Fotos von Rezepten und Tipps zu gängeln. Es gibt sie seit Jahrzehnten und sie scheinen die einzige Nische in der Medienkultur zu sein, die man nie parodiert hat wie alle möglichen Schlager, Kirchenlieder und Kunstwerke. Aus diesen Wochenblättern kann niemand etwas anderes machen als das, was sie sind. Sie verkörpern eine Rustikalität, an die sich niemand heranwagt.

Jedenfalls geht es darin ums Essen. Nichts wird drapiert und auf Designergeschirr angerichtet, und es gibt auch keinen stilvoll gedeckten Tisch vor einer Wand im Cappuccino-Farbton. Ins Bild gesetzt ist nur das Gericht, um das es geht, sonst nichts. Es sieht nicht immer appetitlich aus, beileibe nicht, aber eigentlich spielt das auch keine größere Rolle, denn der Leser soll seinen Blick schließlich schnell auf das Rezept richten. Kein Schnickschnack.

Ich schätze diese Sachlichkeit sehr. Ich möchte nicht, dass man mir etwas vormacht. Ich bin allzu perfekten Interieurs und Arrangements gegenüber skeptisch. Und ich hoffe, andere sind es auch. Ein bisschen Schmutz hier und da ist ein Zeichen von Leben und Gesundheit.

•

Es dürfte bekannt sein, dass allzu viel Hygiene in der westlichen Welt zur übermäßigen Verbreitung von Allergien bei Kindern führt. In der ehemaligen DDR und im russischen Teil Kareliens hat es weit weniger Allergien gegeben als hinter der Grenze im Westen. Das liegt vermutlich am unterschiedlichen Umgang mit Schmutz und der Anzahl der in den Familien lebenden Haustiere. Der Westen hat schlimmer geputzt als der Osten.

Meine Kinder sind immer bemerkenswert gesund gewesen. Als mein Sohn mit sieben Jahren in die Schule kam, hatte er in der Kita exakt einen Tag gefehlt. Das macht mich stolz. Meine laxe Einstellung zum Putzen führte in Kombination mit den Katzen und Hunden der Großeltern zu hervorragenden Ergebnissen auf der Gesundheitsskala. Aber was für Putzfertigkeiten sind so verloren gegangen – lange Lehrjahre und eine nützliche Erfahrung als Au-pair liegen hinter mir, und trotzdem ist aus mir ein Schusseltier geworden, das gern schöne Knöpfe sammelt.

Bevor mich die Au-pair-Familie feuerte, sagte die Ärztin einmal, Putzen sei eine Wissenschaft. In gewisser Weise hatte sie recht, aber das verstand ich erst später. Ein ordentlicher Wissenschaftler sollte seinem Forschungsgegenstand gegenüber Leidenschaft zeigen. Das war bei mir nicht der Fall, ich war auf meinem Gebiet eher ein entspannter Beobachter. Meine Familie weiß das. Aber sie hat mich nicht gefeuert.

Es gibt Tage, an denen ich auf meine Finger starre, während sie über Fugen und Boden gleiten. Durch die Materie bohren sie sich tief hinein in Erde und Geschichte. Meine Finger und mein Blick sprengen die Gesetze der Physik; ich existiere nur im Hier und Jetzt. Nichts kann mich stören, wenn ich putze.

Tag II

Ich putze für meine Gäste Meine Mutter und ich waren nicht die Einzigen, die auf Knien putzten. Mein Vater kniete genauso.

•

Natürlich waren es die Frauen, die putzten, bei uns zu Hause, bei anderen zu Hause. Doch in meinem Elternhaus wurde die traditionelle Ordnung jeden Sonntag auf den Kopf gestellt. Nachdem der Wochenputz am Freitag abgeschlossen war, folgte ein ruhiger Samstag; am Sonntag jedoch wurde es Zeit für eine Auffrischung. Das war die Aufgabe meines Vaters, ganz gleich, was er selbst davon hielt. Wobei ich ihn nie klagen hörte. Er staubsaugte den Flur und das Wohnzimmer, womöglich auch das Schlafzimmer, das weiß ich nicht mehr genau. Im Grunde war so ein Sonntagsputz nicht der Rede wert, warum sollte nicht auch ein Vater und Ehemann zur Ordnung beitragen. Doch bei einem Detail dieses Sonntagsputzes bleiben meine Gedanken immer wieder hängen. Es geht um das Staubwischen im Wohnzimmer.

Unser Bücherregal enthielt nicht gerade viele Bücher, ein paar Reihen mit Romanen aus einem Buchclub, ein fünfzehnbändiges Nachschlagewerk, mehrere Bücher über den Zweiten Weltkrieg, Margit Söderholms romantische Schmöker und ein paar weitere, ebenso unspektakuläre Romane. Unter dem Bücherregal befanden sich die Vitrinenschränke mit diversen Kaffeeservicen und anderem Porzellan, und in den Regalen war Platz für allerlei Krimskrams. Ich glaube, diese kombinierten Schrankwände sind inzwischen vom Markt verschwunden (im Idealfall gehörte zu solch einem Aufbewahrungsmöbel damals auch ein eingebauter Barschrank mit Glasborden und einem Spiegel). Auch Nippes unterliegt einem kulturellen Wandel. Damals zeigte man gerne seine Kristallvasen und die Standuhr. Bei uns standen außerdem Gipsfigürchen, Souvenirs aus europäischen Großstädten, Kerzenständer und kleine Tiere, aus Kristall oder vergoldet, im Regal. Jeder einzelne Gegenstand hatte seine Geschichte, war ein kleiner Schatz, und unter jedem Gegenstand lag ein gehäkeltes, besticktes oder geklöppeltes Deckchen.

Vor diesem Regal kniete mein Vater also jeden Sonntagvormittag, ein Staubtuch aus Baumwolle oder Flanell in der Hand. Er hob die Gegenstände hoch und wischte sie ab, er lupfte die niedlichen Deckchen und säuberte das Regalbrett darunter. Er tat es mit Geduld und Sorgfalt. Aber ich weiß nicht, wie ihm bei diesem sonntäglichen Auftrag zumute war. Vater auf Knien vor den Kristallvasen.

•

Letzte Woche bekam ich ein Geschenk von meiner Teenagertochter. Sie hatte im Werkunterricht einen Spüllappen gehäkelt. Einen Spüllappen? Ich wurde in eine andere Zeit zurückversetzt. Heute benutzt doch jeder eine Spülbürste. Aber ich muss zugeben: Mit einem Lappen in der Hand hat man ein besseres Gefühl dafür, wie fest man reiben muss, damit sich die letzten Reste von Porzellan, Glas und Edelstahl lösen.

Der gelbe Häkellappen aus praktischem Bambusgarn war zirka fünfzehn mal fünfzehn Zentimeter groß, an einer Ecke eine Schlaufe, damit man ihn in der Küche oder im Putzschrank an einen Haken hängen kann. Er erinnerte mich an das Staubtuch, das mein Vater in der Hand hatte, wenn er vor dem Nippes kniete.

Und an die Staubtücher, die zu meiner Aussteuer gehörten. Meine Mutter hat sie gehäkelt. Sie liegen in Bündeln von je zwölf Stück in meiner Brautkiste, zusammengehalten von einem Band mit

Rosette. Bisher habe ich erst eines der Bündel geöffnet, denn so wie ich die zu Putzlumpen gewordenen Baumwollunterhemden gegen Mopps mit Mikrofaserbezügen ausgetauscht habe, habe ich auch die Staubtücher durch Staubwedel mit antistatischen, synthetischen Borsten ersetzt. Hinzu kommt, dass ich nur ziemlich selten Staub wische; unsere Bücherregale enthalten keinen Nippes, und die Staubschichten auf den Büchern stören uns nicht weiter. Und wie schon gesagt, unsere Kinder sind außerordentlich gesund.

•

Meine Schwiegermutter, eine Kunsthandwerkerin, putzt nur selten. Genau genommen nie. Aber die Leute fühlen sich bei ihr wohl. Zwischen all den Garnknäulen, unvollendeten Handarbeiten, Teppichflicken, Cremedosen, Scheren und Stoffen, die darauf warten, zu wieder neuen Flicken zerschnitten zu werden, findet sich immer noch Platz für einen Gast. Oder sie schafft ihn ganz einfach, indem sie alles beiseiteschiebt, denn bei ihr hat sowieso nichts eine feste Ordnung.

•

Ich vermisse die Besuchskultur meiner Kindheit. Im Haus meiner Schwiegermutter ist es heute noch so wie früher bei uns zu Hause, wo Verwandte und Freunde meiner Eltern jederzeit zu Besuch kommen konnten. Die Samstagabende und Sonntagnachmittage waren besonders spannend. Dann klingelte es an der Tür, und wir durften raten, wer dahinterstand. Diese Überraschungsgäste waren auch der Grund für den Sonntagsputz. Der Gäste wegen musste das Heim immer sauber sein. Niemand sollte sagen können, bei uns wäre es schmutzig, denn das hätte uns deklassiert. Und wir hatten es eilig, zur Mittelklasse aufzusteigen, in der wir alle ein wenig reicher und gesünder werden sollten. Meine Familie ist ein Musterbeispiel für diese Entwicklung – das schreibe ich, während ich in einem schönen Café in Helsinki sitze, mit einer höheren Bildung, als sie für meine Eltern je möglich war.

•

Während meines Studiums in Helsinki lud unsere Literaturdozentin meine Kommilitoninnen und mich gerne zu sich nach Hause ein, oft an einem Sonntagvormittag. Egal, wie früh am Morgen wir sie besuchten, sie hatte immer frisches Brot gebacken. Sie stellte uns viele Fragen, war an unserer Meinung interessiert.

Einmal ging es um unangemeldeten Besuch, was wir davon hielten. Ich war verwundert. Natürlich durfte man unangemeldet vor der Tür stehen, bei uns in der Kleinstadt und bei meinen Verwandten auf dem Land war das so. Wir rechneten jederzeit damit, dass jemand vorbeikam, und die Keksdosen waren immer mit drei Sorten Keksen gefüllt, selbstgebacken natürlich. Süße Brötchen gab es auch und Sandkuchen; bis heute habe ich eine Vorliebe für Gebäck. Unser Tisch war stets reich gedeckt. Nur Staub durfte es nicht geben.

Während der Diskussion über ungebetene Gäste schwieg ich. Schon allein die Frage hatte mich erstaunt. Die meisten meiner Kommilitoninnen waren in Helsinki aufgewachsen und sich darin einig, dass man von seinen Freunden und Verwandten erwarten könne, dass sie wenigstens unterwegs von einer Telefonzelle aus anriefen und fragten, ob sie vorbeikommen könnten.

Ich verstehe diesen Wunsch und akzeptiere ihn heute ganz selbstverständlich; ich habe mich angepasst, und die Welt um mich herum hat sich verändert. Denn auch wenn es schön war, so viel Besuch zu bekommen, es musste ständig geputzt und gebacken werden. Das Zuhause sollte stets präsentabel sein. Mitten am Tag im Schlafanzug herumzuschlurfen, kam nicht infrage. Was hätten die Gäste von uns gedacht. Dass wir faul wären?

Andererseits: Solange wir akzeptieren, dass wir uns zu Hause wie auf einer Theaterbühne bewegen, solange wir glauben, dass einem Besuch von Freunden und Verwandten immer ein Großputz vorausgehen muss, wird unser Leben um viele gemütliche Kaffeekränzchen, lockere Abendessen und ausgedehnte Sonntagsfrühstücke ärmer sein.

Als ich während meines Studiums ein paar Jahre in Österreich lebte, wunderte ich mich darüber, dass sich die Menschen immer in Cafés oder Kneipen trafen. Warum besuchten sie sich nicht gegenseitig? Heute, müde und erwachsen, weiß ich es: Wir laden keine Gäste mehr ein, um unseren ohnehin schon enormen Stresspegel nicht noch zusätzlich zu erhöhen, indem wir schnell Socken, Geschirr und alte Zeitungen wegräumen, bevor der Besuch kommt.

In Folge des gewachsenen Sinns für schönes Wohnen scheint die Hemmschwelle, sich gegenseitig einzuladen, noch größer geworden zu sein. Es gibt so viele feste Meinungen darüber, was guter Geschmack ist und was wir dafür tun müssen, um ihn zu erfüllen. Selbst die Sofakissen sind zu Indikatoren unseres Stils geworden: Sind es französische oder sind es englische? Ist man eher skandinavisch gestreift oder ornamental-indisch eingestellt? Ja, die Kristallvasen und -schalen sind heute weichen Kissen gewichen. Mit dem wichtigen Unterschied, dass sie nicht ins Regal gestellt und jeden Sonntagvormittag abgestaubt werden müssen.

•

Als ich mit meiner einundzwanzigjährigen Patentochter Elin über dieses Thema sprach, sah sie mich nachdenklich an und meinte: Kann das Putzen nicht auch einfach bedeuten, dass man seinen Gästen Wertschätzung entgegenbringt? Und die Antwort muss natürlich Ja lauten. Für Freunde und Familie das Zuhause herzurichten ist eine Art Liebesdienst.

•

Vor ein paar Jahren sah ich auf dem Filmfestival »Kärlek och anarki« (»Liebe und Anarchie«) in Helsinki den schwedischen Dokumentarfilm *Searching for Sugar Man.* Am Ende des Films weinte ich; das wahre Leben ist oft viel berührender als das beste Drehbuch. Im Mittelpunkt dieses Dokumentarfilms steht Rodriguez, ein Singer-Songwriter aus Detroit, der Anfang der Siebzigerjahre eine sehr kurze Karriere hatte. In seiner Heimat, den USA, waren seine Platten ein Flop und er blieb in all den folgenden Jahren ein Nobody – nur in Südafrika nicht, wo seine sanften Lieder mit den wütenden Texten weiße Jugendliche dazu bewegten, die Apartheidspolitik ihres Landes infrage zu stellen. Sie glaubten, Rodriguez wäre tot, liebten seine Songs jedoch so sehr, dass diese Kultstatus erlangten. Das Gerücht ging um, er hätte sich auf der Bühne selbst verbrannt. Oder erschossen, niemand konnte genau sagen, was mit ihm passiert war.

Rodriguez lebte jedoch noch immer, und hatte keine Ahnung, wie sehr seine Lieder auf einem anderen Kontinent geliebt wurden. Er führte ein äußerst bescheidenes Leben. Auf Baustellen in Detroit leistete er Schwerstarbeit. Wenn Häuser abgerissen wurden, holte man ihn, um wegzuschaufeln, was stank und faulte, was kein anderer anrühren wollte. Aber er war stolz auf seine Drecksarbeit. Die Arbeit sei eine Art Sakrament für ihn, sagte ein Freund von Rodriguez im Film. Die Müllbeseitigung eine heilige Handlung, die er übernehme, um seinen Mitmenschen zu dienen. Seine künstlerische Größe hält Rodriguez nicht davon ab, die am geringsten geschätzte Arbeit auszuführen.

Angesichts solcher Bescheidenheit schäme ich mich manchmal, wenn ich mich wieder einmal über die tägliche Putz-Routine erheben möchte. Ich sehe ja ein, dass Putzen wichtig ist, weil es das Chaos verringert, weil wir auch innerlich aufgeräumter sind, wenn wir um uns herum Platz schaffen, und weil wir manche Handlungen wiederholen müssen, um unserem Dasein eine Struktur zu geben. Aber das Putzen zu einem Sakrament zu erklären, so wie Rodriguez es getan hat, und der Welt zu dienen, in dem man das beseitigt, was stinkt – nein, ein so reines Herz habe ich nicht und werde es auch nie haben.

•

P.S.: Der Film über den bescheidenen Musiker-Putzmann hat den Oscar für den besten Dokumentarfilm 2013 gewonnen. Ich lausche dem Soundtrack des Films oft, summe hin und wieder »I think of you«, aber ich kann sogar Rodriguez' sanfte Stimme hören, wie sie aus dem baufälligen Haus tönt, in dem er lebt.
Im Mai 2014 nahm sich der junge Regisseur Malik Bendjelloul das Leben, er litt an Depressionen. Was für eine Geschichte über Erfolg und Niedergang – für beide, Rodriguez und den Regisseur.

Tag III

Ich suche eine stolze Putzfrau Auf dem überraschenden Fest, mit dem mein Bruder nicht nur seinen fünfzigsten Geburtstag, sondern auch seine Hochzeit feiert, lerne ich seine frühere Studienfreundin Cati kennen. Ich habe gerade angefangen, über das Putzen zu schreiben. Cati erweist sich als Expertin auf diesem Gebiet; nicht dass sie über ihre privaten Putzstrategien berichtet, sie ist die Vorsitzende eines kommunalen Ausschusses für verschiedene Dienstleistungen, der unter anderem für die Reinigung und Verpflegung in den städtischen Schulen und Einrichtungen zuständig ist.

In derselben Woche berichteten alle Zeitungen ausführlich über Firmen, deren Personal mangelhaft putzt und minderwertiges Essen an die Schulen in Espoo liefert. Vor allem ein Unternehmen hat sich durch Hochstapelei hervorgetan. Wurstsauce ohne Wurst, rohe Kartoffeln in einem Gratin, das eher an eine Suppe erinnert, vier Wochen am Stück dieselben Wurstzipfel mit drei Blumenkohlröschen für einen Schüler, der auf Spezialkost angewiesen ist. Schon während das Essen in die Schule getragen wird, ist es nur noch lauwarm, und es reicht nicht für alle.

Angesichts solcher Zustände schreien die Eltern auf, und sie wenden sich an die Behörden und Medien. Das Schulessen war ein wichtiger Bestandteil in unserer Vorstellung von der idealen Schule:

Sie soll Körper, Geist und Seele nähren, damit die Kinder ausgeglichen aufwachsen. Natürlich war die Schulspeisung nicht immer vom Feinsten, und ich selbst werde beispielsweise nie wieder Dillfleisch oder Brathering essen, aber solange es in den Schulen Köchinnen und Köche gab, wurde das Essen professionell und ambitioniert zubereitet. Doch das ist nicht mehr der Fall. Und dasselbe Elend gilt für das Putzen in öffentlichen Gebäuden. Die Reinigungskräfte sind namenlos geworden; sie kommen aus Firmen, die genau festlegen, wie viele Minuten pro Zimmer, Toilette etc. zur Verfügung stehen. Dann muss die Putzfrau weiterhasten, ohne Rücksicht darauf, ob es noch Flecken gibt, die sie gern wegwischen würde.

•

Kochen und Putzen wurden entpersönlicht, und niemand ist zufrieden, bis auf die Inhaber jener Firmen, die diese Dienstleistungen verkaufen.

Am traurigsten seien vermutlich die Menschen, die, fest angestellt, ihre Arbeit mit Stolz verrichteten, meint Cati und erzählt von einer städtischen Schule, in der Kinder wie Lehrer mit selbstgebastelten Plakaten und einer Torte Spalier standen, um ihrer Putzfrau zu ihrem sechzigsten Geburtstag zu gratulieren.

An derselben Schule hatte man der Köchin ein halbes Jahr vor ihrem Rentenantritt gekündigt – sie wurde nicht mehr gebraucht, weil von nun an eine Großküche das Essen liefern sollte. Sie konnte also nicht einmal ihren Ruhestand so antreten, wie man es nach einem langen und treuen Dienst erwarten würde, sie wurde vorher entlassen. Das war nicht schön für sie – und auch nicht für die anderen, die es miterleben mussten.

Cati war frustriert, und ich kann nur hoffen, dass sich ihre Kommune vom Kalkül, das in diesem Ausschreibungssystem steckt und das schon lange keine Qualität mehr garantiert, befreien kann. Diesem System fallen Berufsgruppen zum Opfer, die für eine stabile Ordnung in den Schulen und Institutionen gesorgt haben.

•

Ich bin die Tochter einer Putzfrau und Köchin. Eine Zeitlang arbeitete meine Mutter auch als Pflegerin im Altenheim der Stadt, wo sie sich um hilflose Langzeitpatienten kümmerte, die dement waren und nicht mehr allein zurechtkamen. In allen drei Berufsgruppen kommt es zu Kürzungen, die man für notwendig hält. Wo sollte meine Mutter heute arbeiten? Die Schulküchen sind vom Aussterben bedroht, die Reinigungsfirmen schicken ihr Personal mit Niedriglöhnen zum Blitzputzen, und die Langzeitpatienten werden von ausländischem Personal versorgt, das weder deren Sprache spricht, noch die Lieder ihrer Kindheit kennt.

Meine Mutter hatte eine Berufsehre: Das Essen, das sie in der Schulküche zubereitete, sollte selbstverständlich gut sein. Als Putzfrau verstand sie ihr Handwerk, sie wusste, welche Maschinen am schwersten zu bedienen waren, welche Räume der Berufsschule am schwersten zu putzen (die Werkstatthallen des Automechanik-Zweigs), und sie wusste, wie wichtig es war, die Verantwortungsbereiche gerecht zwischen den einzelnen Putzfrauen aufzuteilen. Sie beherrschte ihren Job. Weil sie keine Ausbildung hatte und auch kein Finnisch sprach (sie ist im schwedischsprachigen Teil Finnlands aufgewachsen), waren ihre Möglichkeiten auf dem Arbeitsmarkt begrenzt, und ich war schon Teenager, als sie für eine längere Zeit eine feste Anstellung hatte. Aber auch während dieser Zeit wurde unser eigenes Heim genauso sorgfältig geputzt wie früher.

In der Situation meiner Mutter, unausgebildet und mit unzureichenden Sprachkenntnissen, sind heute die Migranten. An einem meiner Arbeitsplätze putzte mehr als zwanzig Jahre lang die treue Mitarbeiterin Liisa. Sie wurde aufgrund von Einsparungen durch eine schüchterne russische Frau ersetzt. Aber es gelang ihr nicht, Liisas Putzkittel richtig auszufüllen; sie kam von einer Reinigungsfirma, die ihr zu enge Vorgaben machte, und schaffte es ganz einfach nicht, so gründlich sauberzumachen wie ihre Vorgängerin. Es gab Beschwerden, eine neue Ausschreibung fand statt. Eine andere Firma bekam den Auftrag, übernahm jedoch die Arbeitskräfte des Vorgängers. Die schüchterne Frau putzte weiterhin bei uns, hatte aber immer noch ihre engen Vorgaben. Wir hörten auf, uns zu beschweren. Der ganze Zirkus mit den verschiedenen Unternehmen und Angeboten, die

es zu vergleichen gilt, ist zeitraubend und aufwändig. Nicht einmal die Sachbearbeiter in den kommunalen Ämtern können Verträge abschließen, die die Qualität der Arbeit sicherstellen, und die Preispolitik der Unternehmen ist mitunter so undurchsichtig, dass die Kosten für Dienstleistungen plötzlich steigen können. War es nicht einfacher, als die Reinigungskräfte noch demselben Chef unterstellt waren wie wir anderen, auch wenn das ein wenig teurer war?

•

Am Ende ihrer beruflichen Karriere nannte meine Mutter sich nicht mehr Putzfrau. Sie war eine Reinigungskraft. Ich glaube, dass dieser Unterschied wichtig für sie war. Die Putzfrauen waren Teil eines privaten Rahmens, während die Reinigungskräfte eine professionelle Berufsgruppe bildeten. Meine Mutter trat hinaus in ein Leben, das viel aufregender war als das Leben als Hausfrau, das sie jahrzehntelang geführt hatte. Durch ihre Anstellung an einer Schule kam sie auch mit Lehrern und Schülern in Kontakt, die mit ihr über Dinge sprachen, die sonst nicht in ihre Welt eingedrungen wären.

•

Meine vierzehnjährige Tochter hat ihren ersten Job. Er besteht darin, bei kranken Verwandten zu Hause zu putzen. Ich gebe ihr ein paar gute Ratschläge mit auf den Weg, dabei weiß sie von Natur aus, wie man um sich herum Ordnung schafft. Das Geld, das sie verdient, gibt ihr die Möglichkeit, sich zwischen Sparsamkeit und Verschwendung zu entscheiden. Sie spart, damit sie sich bei ihrer nächsten Berlinreise all die Sommerkleider kaufen kann, von denen sie geträumt hat. Nach der Reise beschließt sie, ihr Geld in Zukunft planvoller auszugeben. Man braucht Kleider für den Herbst und den Winter, braucht Abwechslung im Schrank, und meine Tochter schaut sich um, surft im Netz, weiß alles über künftige Trends. Aber wenn sie sich dann die Erlaubnis gibt, ihr Geld auszugeben, kann sie es nicht. Sie spart es, wägt mehr ab, kauft weniger. In ihren Finanzen herrscht Ordnung.

Putzen kann ein wichtiger Schritt hinaus in die Welt sein, jenseits der heimischen Wände. Meine Tochter putzt sich in der dritten Generation in die Welt hinaus.

Tag IV

Ich hätte den Computer aufräumen sollen Auf meinem Arbeitscomputer laufen große Mengen Spam-Mails ein, die ich täglich lösche. Nach vier Urlaubswochen habe ich normalerweise Tausende sinnloser E-Mails, die sich unter jene Nachrichten mischen, die gelesen und bearbeitet werden sollten. Virtuelles Putzen ist ein Muss. Und ich gebe zu: Ich verspüre jedes Mal eine gewisse Befriedigung, wenn ich die Delete-Taste drücke. Schwups, rauschen massenhaft Informationen in den Papierkorb, mit denen ich mich nicht mehr beschäftigen muss. Es gibt zu viele Mails, zu viele Wörter auf dem Bildschirm, Tag für Tag, Woche für Woche, Jahr für Jahr. Ich bin E-Mails wahrlich leid, aber natürlich auch abhängig von ihnen.

•

Als Textmitteilungen noch eine Innovation waren, hatte ich ein kleines Notizbuch, in dem ich die mir wichtigsten notierte. Damals waren die Speicherkarten der Handys so klein, dass nur ein paar Dutzend Mitteilungen darauf Platz fanden. Allzu oft musste ich mich entscheiden, ob ich eine SMS behalten wollte oder nicht. Ich glaube, dass die Menschen ihre Nachrichten in diesen Anfangszeiten sorgfältiger formulierten als heute. Inzwischen sind es die Statusmeldungen auf Facebook und Twitter, die die größte Aufmerksamkeit erfordern und besonders schlagfertig sein müssen. SMS sind zu einem Medium für praktische Angelegenheiten geworden. Die Vorstellung, besonders schöne Mitteilungen in ein Büchlein zu notieren, erscheint mittlerweile ein bisschen absurd. Andererseits haben die Handys sowieso eine so große Speicherkapazität, dass ich die mir wichtigen Mitteilungen mit mir herumtragen kann, solange ich will.

•

Veränderungen kommen schleichend, und eines Tages merken wir, dass wir aufgehört haben, Weihnachtskarten zu schreiben, Adressbücher zu benutzen und schönes Briefpapier zu kaufen.

•

Die Frage, wie wir das virtuelle Putzen angehen sollen, lässt sich nicht so leicht beantworten. Handelt es sich um private Nachrichten auf dem Handy oder dem Computer, hat die Delete-Taste etwas Brutales, als würde man einen Brief verbrennen. In dieser Handlung, die das Existierende in ein Nichts verwandelt, liegt eine traurige Dramatik. Liebesbriefe, die verbrannt oder von den Geräten gelöscht werden, sind der Schlusspunkt der Liebe.

•

Aber es gibt auch Liebesbriefe und zärtliche Mitteilungen, die besser gelöscht worden wären. Allzu leicht kann es passieren, dass man sein Handy auf dem Tisch liegen lässt oder vergisst, sich von deinem E-Mail-Konto, von Facebook oder dem Kennenlernportal abzumelden. Der Widerstand, die Worte des heimlichen Geliebten zu löschen, kann größer sein als das Bedürfnis, die eigene Familie zu schützen.

Vor einigen Jahren zog eine neue Nachbarin bei uns ein, Sofia. Sie lebte mit drei kleinen Kindern in einer viel zu engen Wohnung. Einen Steinwurf davon entfernt wohnte Sofias Exmann in einem alten Einfamilienhaus, dessen Renovierung er mit ihr gemeinsam begonnen hatte. Die Scheidung war unerwartet gekommen, und es war Sofia gewesen, die den Beschluss gefasst hatte, Mann und Haus zu verlassen. Sie tat es, weil ihr Mann sein Handy zu Hause vergessen hatte – und darauf Liebesbekundungen von einer Frau aufblinkten, die sie nicht kannte. Im Telefonbuch des Handys entdeckte sie dann die Namen von rund zwanzig Frauen, die sie genauso wenig kannte. Sie rief eine nach der anderen an und fragte, ob sie eine Affäre mit ihrem Mann habe. So war es.

Die Geschichte ist peinlich typisch. Der Mann war Seemann, fuhr von Hafen zu Hafen, und wo auch immer er an Land ging, wartete eine Frau auf ihn. Die Seefahrerromantik ist zählebig. Oder auch schrecklich.

•

Es gibt unzählige Varianten. Der Mann, der ein Profil auf einer Gay-Seite hatte. Der Ehemann, der seine Jugendliebe nicht vergessen konnte, aber eines Abends vergaß, sich bei Facebook auszuloggen. Das Paar, das sich in einem Dating-Portal kennenlernte, obwohl keineswegs beide Single waren. Die Frau, die auf dem gemeinsamen Computer die sehnsüchtigen Nachrichten ihres Mannes an seine neue Freundin entdeckte, weil er ein viel zu naheliegendes Passwort gewählt hatte.

Passwörter sind leicht zu entschlüsseln für den, der dich gut kennt. Wie viele Ehen sind doch durch unzureichendes Putzen belastet oder beendet worden, oder weil wir die Liebesbotschaften nicht löschen wollten, die wir hastig und heimlich geschrieben hatten.

•

Virtuelles Putzen ist alltägliche Bürotätigkeit – oder eine Notwendigkeit für den, der etwas zu verbergen hat.

•

Einige der schönsten Liebesbriefe, die ich in der Ära des Papiers erhielt, habe ich in ihren Originalumschlägen aufbewahrt. Ein Teil davon ging auf einer Zugreise von Österreich nach Finnland verloren, und diesen Verlust betrauere ich immer noch dann und wann. Der Verfasser der Briefe hatte eine ausladende, aber elegante Handschrift, die sich leicht über zehn Seiten erstrecken konnte. Er schrieb während seiner Reisen, über seine Verzweiflung, über mich, über uns und seine grenzüberschreitende Liebe.

Der Mann, der mich sieben Jahre lang geliebt hatte und mit dem ich ein dreiwöchiges Verhältnis hatte, schrieb einen wunderbaren Brief, als ich ihm sagte, dass aus uns beiden kein Liebespaar werden könne. Er steckt in dem Buch, das er mir als Abschiedsgeschenk schickte. Der Briefeschreiber wusste, dass ich das Buch lieben würde, auch wenn ich ihn nicht lieben konnte. Das Buch mit dem Brief steht in unserem Bücherregal. Ich kann es jederzeit herausziehen und den Brief lesen, wann immer ich will.

Gelöschte elektronische Mitteilungen kommen dagegen nicht wieder. Man kann sie kopieren, ausdrucken, sie zwischen verschiedenen Clouds hin- und herschieben, aber die eigentliche Handlung, wenn man auf den Befehl »Mail löschen« klickt, ist wie ein Vorbote, dass das Ende naht. Manchmal ist der Akt des Löschens auch ein gemeiner Tilgungsversuch der eigenen Schuld. Virtuelles Putzen kann auf ganz unterschiedliche Weise wehtun.

•

Das Verbrennen von Briefen und das Löschen von E-Mails erfordern einen starken Willen. Putzen muss man aber auch in der analogen Welt, wenn der oder die Geliebte in Person da war. Die Ehe eines Freundes zerbrach, weil seine dunkelhaarige Frau eine Flasche Shampoo für blondiertes Haar in der Sauna des gemeinsamen Sommerhauses fand.

Tag V

Ich trage keinen Kittel Putzen ist nicht schwer. Es lässt sich kinderleicht lernen, wenn man nicht ohnehin schon von zu Hause gute Ratschläge mit auf den Weg bekommen hat. Die heutigen Putzratgeber sind schmal und ansprechend gestaltet, die Sätze kurz und sehr motivierend. Jeder ist dazu in der Lage, etwas vom Boden aufzulesen, ein Staubsauger startet fast immer, wenn man auf den Knopf drückt, und man kann damit sogar Krümel aus Küchenschubladen saugen. Hin und wieder muss man allerdings den Staubsaugerbeutel wechseln.

Früher war alles einfacher. Niemand musste zum Putzen überredet werden, es gehörte einfach zum Alltag dazu, und es gab jede Menge praktische Ratschläge. Marseille-Seife eignet sich gut für die Wollwäsche, und wenn man weiß, wie die Spitzen an Kleidern, Tischdecken und Überschlaglaken gestärkt werden müssen, spart man viel Zeit.

In einem modernen Ratgeber, den man ratlosen Jugendlichen schenkt, wenn sie ihre erste Wohnung beziehen, habe ich einen Tipp gefunden, der mir keine Ruhe lässt: Schaff dir einen Putzkittel an, am besten einen mit vielen Taschen.

•

Putzkittel?

Vor meinem geistigen Auge sehe ich knielange Baumwollkittel mit großen Knöpfen und kurzen Ärmeln, manchmal auch ärmellos, mitunter gewickelt statt geknöpft. Ich sehe Frauen auf alten Fotos. Frauen irgendwo in Osteuropa. In Finnland sind mir Putzkittel in letzter Zeit lediglich in einem kleinen Laden im Obergeschoss der Markthalle von Hakaniemi begegnet. Vermutlich waren sie auch bei uns in Gebrauch, aber als schützendes Kleidungsstück im Haushalt sind mir vor allem Schürzen in Erinnerung geblieben. Das einzige Foto, das ich von meiner Großmutter besitze, ist schwarz-weiß. Sie trägt eine gut gestärkte Festtagsschürze mit Latz. Sie lächelt nicht.

Mit der Zeit wurden die Halbschürzen gebräuchlicher. Sie wurden individuell gestaltet, die Frauenzeitschriften präsentierten Muster und Schnitte: Verschiedene Applikationen, mitunter auch Stickmuster und raffinierte Taschen (oft herzförmig). Sie wurden zu Hause genäht und gehörten zu den notwendigen Dingen. Wobei zu meiner Mitgift keine Schürzen gehörten; ob man sie in den Achtzigerjahren schon nicht mehr trug?

Die meisten Schürzen, die ich besitze, habe ich geerbt. Ich benutze sie äußerst selten. Stattdessen trage ich bequeme Kochschürzen aus Leinen, deutlich moderner, trotzdem ein bisschen rustikal und mit einem Band um den Nacken. Die Halbschürzen rühre ich nicht an, ich sehe eine Parade von Frauen mit steifer Dauerwelle vor mir, die außerhalb ihres Familienkreises kaum ein Leben haben; und alle tragen diese Schürzen. Ich kann mich nur schwer einreihen.

•

Mein Verhältnis zum Putzen ist unlogisch und zwiespältig. Ein Teil von mir bewundert die Vernunft einer guten Haushaltsführung. Indem man nach schlauen Lösungen sucht, um den Haushalt in Schuss zu halten, gewinnt man Zeit für anderes. Ich suche gern nach schlauen Lösungen, so wie ich in großen Städten gern nach Abkürzungen suche. Mein Motto lautet: »Einfache Lösungen sind gute Lösungen.« Sich auf eine Sache konzentrieren, auf die eigene Intuition hören, um Rat fragen, wenn man nicht weiter weiß, ohne Zögern einen neuen Weg finden, wenn der alte zu verschlungen war. Nichts bereuen. Bewege dich vorwärts, sei schlau, bewege dich schnell.

Und trotzdem trage ich bei der Hausarbeit weder Kittel noch Schürze. Deshalb habe ich oft kleine Flecken auf meiner Kleidung, unnötigerweise. Ich ziehe mich nicht einmal um, wenn ich von der Arbeit komme. Ich bin den ganzen Tag über dasselbe Ich. Das ist nicht schlau. Aber aus alten Ratgebern habe ich gelernt, dass Gallseife fast alle Flecken löst, aus fast jedem Gewebe. Und deshalb brauche ich meine Kleidung nicht ganz so oft zu waschen, was angesichts unserer verschmutzten Gewässer auch vernünftiger ist.

•

Vernünftig zu sein ist nicht leicht, allzu schnell verstrickt man sich in Widersprüche. Eine Frau mit Schürze ist schlau. Warum muss ich es mir so schwer machen?

•

Eines der schönsten Bilder von einer Frau mit Schürze findet man in dem 2000 erschienenen Buch des finnischen Wissenschaftlers Mika Pantzar, in dem er sich mit der Entwicklung des Wohnens beschäftigt. Pantzar ist Zukunftsforscher. Ihn interessiert, wie sich die Vorstellungen und Modelle des Zusammenlebens verändert haben und in Zukunft verändern werden. Am Beispiel der Küche werden seiner Ansicht nach die Veränderungen besonders deutlich. Die großen Wohnküchen verschwanden, nicht nur in der Stadt, sondern auch auf dem Land. Holzbefeuerte Herde wurden aufgrund der hohen Brandgefahr verboten, außerdem musste die Küchenarbeit vereinfacht werden, schon deshalb, weil immer mehr Frauen berufstätig waren.

Weil das Frauenbild in der Nachkriegszeit wegen der schnellen wirtschaftlichen Entwicklung und gesellschaftlichen Modernisierung neu definiert werden musste, änderte sich auch (für uns, aus heutiger Sicht) auf faszinierende Weise die Werbung. Die Frau war nicht länger das Wesen, das allein seinen Gefühlen folgte. Die Frau war ein Mensch, der – wie die Männer – zu rationalem Denken und Handeln fähig war. Sie war in der Lage, ihre Zeit, ihre Finanzen selbst zu verwalten. Und das wurde jetzt auch in der Werbung gezeigt.

Die Reparationen an die Sowjetunion waren zurückgezahlt.

Die Wirtschaft hatte sich erholt und wieder angefangen zu produzieren. Und was wurde produziert? Kühlschränke und Waschmaschinen. Produkte, die »an die Frau« gebracht werden mussten.

In einer Anzeige der Kundenzeitschrift der Vereinsbank von 1952 taucht diese neue Frau auf: »Die Finanzministerin der Familie« wird sie genannt. Tadellose Haltung, karierte Hausfrauenschürze, den Blick entschlossen auf den Betrachter gerichtet, der Körper von einer hellen Aura umgeben – und unter dem Arm eine Aktentasche. Offenbar hat sich der Werbezeichner vom ernsten sozialistischen Realismus der Dreißigerjahre inspirieren lassen. Hier steht die ideale Frau, die vielleicht ihren Mann im Krieg verloren hat, die sich jetzt um »Miete, Steuern und Versicherungen« kümmern und vor allem zwei Dinge lernen muss: »Dass alle Ausgaben langfristig geplant sein wollen und alles Geld, das nicht gleich ausgegeben wird, an einem sicheren Ort verwahrt werden sollte.« Diese Frau ist bereit, finanzielle Verantwortung zu tragen, daran besteht kein Zweifel.

Eine andere Bank, die Postsparbank, formuliert es in ihrer Werbung aus demselben Jahr ganz ähnlich: »Wenn man der Hausfrau die Rolle des Finanzministers zugesteht und sie eigenständig planen darf, wie die Ressourcen auf lange Sicht eingesetzt werden, ist dies normalerweise der beste Weg, um aus einer Frau ohne Eigenverantwortung eine sehr sachverständige Haushaltsvorsteherin zu machen. So einfach ist das Leben. So pflegeleicht sind die Frauen.«

Eine Frau zu zähmen, ist einfach. Man übertrage ihr finanzielle Verantwortung, und schon tritt sie uns als eine völlig andere Person entgegen. Aber den Banken ging es nicht darum, auf die besonderen Bedürfnisse der Frauen einzugehen – es ging um die Bedürfnisse der Wirtschaft. Die Frau sollte das Geld nicht für Tand und Firlefanz ausgeben, sondern sparen, um später eine vernünftige Investition tätigen zu können, die ihr das Leben erleichtern würde. Sie sollte sparen, um irgendwann eine Waschmaschine oder einen Kühlschrank zu kaufen, Dinge, wie sie die Industrie am Fließband produzierte.

Wie hinterlistig: die Frauen zum Sparen anzuhalten, weil sie sich offensichtlich nichts sehnlicher wünschen als Geräte, die ihnen die Arbeit zu Hause erleichtern. Obwohl Pantzar das nicht offen sagt, ich sehe in der Propaganda der Fünfzigerjahre eine Verschwörung gegen die Frauen. Frauen in Schürzen haben Macht, aber nur im eigenen Haushalt.

Wenn man sich Werbung aus derselben Zeit ansieht, die sich an Männer richtet, stellt man, auf der anderen Seite, genau denselben Bruch zwischen den Geschlechtern fest. Die Frauen sollten die finanzielle Verantwortung tragen und langweilige, nützliche Dinge kaufen. Den Männern dagegen wurden, neben schnellen Autos, Fernsehapparate und Plattenspieler gezeigt, Dinge, die man mit Luxus und Genuss verbindet. Ich staune – kaum vorstellbar, dass es eine Zeit gab, in der die Frauen Vernunft verkörperten und die Männer Genusssucht. Die Frau als rationales und der Mann als triebgesteuertes Wesen – wann hat sich dieses Gedankenmodell in das Gegenteil verkehrt, so wie ich es gewohnt bin? All die L'Oréal-Werbefilme, die mir zuflüstern, dass mein Körper es wert ist, dass ich ihn verwöhne, all die Bücher über die Symbiose zwischen Mutter und Kind. Wann kommen die Werbefotos von Frauen mit Aktentaschen unter dem Arm, auf dem Weg zu einem Vorstandszimmer, in dem ausschließlich Frauen sitzen und Börsenkurse analysieren?

•

Warum fällt es mir so schwer, eine Schürze zu tragen? Schließlich symbolisiert dieses Kleidungsstück nicht nur die Hausfrauenhölle.

•

Ich sollte anfangen, eine Schürze zu tragen. Ich sollte nicht alles infrage stellen.

Tag VI

Ein Requiem Mein Computer teilt mir mit, dass ich fünfhundertdreiunddreißig Minuten gebraucht habe, um zum sechsten Tag meines Putztagebuchs zu gelangen, an dem es Zeit für einen Ausflug in die Natur ist. Ich will mit meiner Freundin zu ihrem Ferienhaus fahren, sie möchte die Sauna streichen und Pilze sammeln. Weil ich gerade mitten in einer intensiven Schreibphase stecke, packe ich den Computer in meinen Rucksack – es könnte sich ja eine Zeitlücke auftun, in der ich weiterschreiben kann. Ich habe es eilig.

Aber dieser Tag wird kein Tag in den Pilzen in der Nähe von Porvoo. Auch schreibe ich kein einziges Wort, nicht an diesem Tag und noch viele Tage danach nicht.

Dieser Tag wird ein Trauertag in Helsinki.

•

Ich hatte vor dem Haus gestanden und auf meine Freundin gewartet, war jedoch wieder hineingegangen, um den Pilzkorb zu holen, den ich vergessen hatte. Ich stehe mit dem Korb in der Hand in der Küche, das Telefon klingelt, es ist meine Freundin. Das Gespräch wird unterbrochen. Ich rufe zurück und höre ihre Stimme, schrill und angespannt. »Hier liegt ein Mann auf der Straße. Er ist vom Dach gefallen.« Ich stürme nach draußen, sehe meine Freundin im Hauseingang stehen, sehe den Mann auf der Straße.

Er war mit einem Schrei durch die Luft gestürzt und dann mit einem Schlag auf dem Asphalt aufgekommen, direkt neben dem Auto, in dem meine Freundin gesessen und auf mich gewartet hatte.

•

Die darauffolgende halbe Stunde war lang. Da war die Qual, nicht zu wissen, ob der Mann lebte oder tot war, da waren die Versuche, den Verkehr anzuhalten und die Fußgänger vom Gaffen abzuhalten. Da waren das Blut und die seltsame Masse, die aus seinem Mund quoll. (War es das Gehirn?)

•

Ein Mann hatte sich aus dem achten Stock gestürzt. Möge er in Frieden ruhen.

•

Um uns herum entstand ein unsichtbares, aber wirksames Netzwerk. Die Rettungsärzte und Polizisten erfassten alles schnell und ruhig, bestimmten, wer ärztliche Hilfe oder Betreuung brauchte. Dem Mann auf der Straße konnte nicht mehr geholfen werden. Wir, die wir dort standen, wurden in den Krankenwagen geleitet, wo man sich um uns kümmerte. Ein weißer Plastiksack, zu einem strammen Quadrat zusammengelegt, wurde aus dem Regal genommen, und jemand erklärte uns, dass der Tote nicht in das Rettungsfahrzeug gebracht werden würde, in dem wir saßen, ein schwarzer Leichenwagen war unterwegs.

Jemand redete mit uns, während der tote Mann umgedreht und in den Sack gelegt wurde, wir sahen ihn nicht mehr, nur die weiße Hülle.

•

Einige Stunden später gingen wir zurück zu dem Platz, wo der Mann gelegen hatte. Ich wollte wissen, ob sein gewaltsamer Tod Spuren hinterlassen hatte, ob meine Kinder würden sehen können, dass der Tod direkt neben unserem Haus eingetroffen war.

Aber es waren keine Spuren geblieben. Die Blutlache war von der Straße gespült worden. In unserem Wohnblock gibt es noch einen Hausmeister. Er ist zwar von einer externen Firma angestellt und für mehrere Hausverwaltungen in Helsinki tätig, aber er wohnt in unserem Haus, und ich glaube, er kümmert sich auch hauptsächlich um unsere Belange. Wenn ich morgens zur Arbeit gehe, sehe ich oft, wie er den Fußweg fegt, freischippt oder abspritzt. Ich weiß, dass er dafür gesorgt hat, dass sich die Hausbewohner nicht über das Blut wundern müssen, das über die Straße geronnen ist.

•

Es war ein grauer Tag, an dem viele Menschen wie aus dem Nichts anrückten, um die Spuren des Todes zu beseitigen und denen zu helfen, die noch am Leben waren.

Tag VII

Ich kann mich nicht von meinem Gerümpel trennen In den letzten Jahrzehnten hat sich der Hausputz sehr verändert. Reinigungsgeräte und -mittel sind effektiver und umweltfreundlicher geworden, und gleichzeitig haben wir uns vom Wochen- und Jahresrhythmus der Putzrituale befreit. Der Weg dorthin war weit.

Das Kalenderjahr meiner Kindheit wurde durch Jahreszeiten und Putzrituale definiert. Im Sommer wechselten wir zu leichteren Gardinen und den zerschlisseneren Sommerteppichen. Im Herbst holte man wieder die schweren Textilien hervor, und kurz vor Weihnachten veränderte unser Heim noch einmal das Gesicht; Tischdecken, Läufer und Schmuck ließen es rot, weiß und grün leuchten. Vorher musste geputzt werden, und zwar sehr ordentlich. Nicht ganz so gründlich waren wir an Ostern, bevor wir neue Tischdecken und die mit Küken bestickten Läufer auflegten und die Osterhexen und Hasen, die wir Kinder in der Schule gebastelt hatten, im Zimmer verteilten. Ein paar Wochen später wurde es Zeit, die Kisten vom Dachboden herunterzuholen, in denen wir unsere Wollsachen aufbewahrten, der süßliche Geruch von Mottenkugeln schlug uns entgegen, wenn wir die schweren Deckel öffneten. Sie wurden zwischendurch in der Frühlingsluft und der Sonne auf dem Balkon gelüftet; frische Luft tut Wolle gut. Anschließend wurde alles wieder zusammengelegt, wir steckten neue Mottenkugeln hinein und trugen die Kisten wieder nach oben. Die Wochen hatten ihren Rhythmus, genau wie das Jahr. Das war eine Menge Arbeit. Meine Mutter war viele Jahre lang Hausfrau. Manchmal schimpfte sie leise über die schlampigen Nachbarn, die ihre Bettwäsche oder Teppiche nicht oft genug auslüfteten. Bei uns war das nicht so. Aber im Unterschied zu meiner Mutter waren die Nachbarinnen berufstätig und es fehlte ihnen die Zeit, den Jahresrhythmus des Putzens einzuhalten. So wie heute mir.

•

Ich weiß nicht, ob die Putzrituale das Leben vereinfachten oder erschwerten, aber es machte Freude, das Zuhause mit Osterhasen, Kerzenleuchtern, Birkenreisig und Tannenzweigen zu schmücken. Und diese Luft, die in die Wohnung hineinströmte; in einem frischgeputzten Heim fällt das Atmen leicht.

•

Unser Leben ist einfacher geworden, das Putzen auch. Von den früheren Ritualen scheint nur noch der Weihnachtsputz übrig geblieben zu sein. Mit meinen Freundinnen unterhalte ich mich fast nie über das Reinemachen, aber an Weihnachten stöhnen sie alle auf. Weihnachtsputz – das braucht niemand groß zu erklären, alle wissen, was damit gemeint ist. Seufzer und unvollendete Sätze reichen aus, um das Gespräch am Laufen zu halten. Rituale erzeugen Stress, wenn sie zu einem Zwang werden, von dem uns niemand befreit. Wer jammert heute noch über den Osterputz? Oder sind Oster- und Frühjahrsputz inzwischen ein und dasselbe? Gibt es den Frühjahrsputz heute überhaupt noch?

•

Natürlich ist das Putzen inzwischen viel einfacher als früher.

•

Und zugleich ist es anstrengender geworden, zumindest für mich.

•

Ich besitze zu viele Sachen. Solange ich die Anschaffung jedes Gegenstands noch sorgfältig erwog, hatte alles seinen festen Platz. Heute haben die viel zu vielen Dinge ihre Ordnung verloren, sie passen nicht mehr in mein Zuhause, es ist zu klein. Der Fußboden und die Schränke sind angefüllt mit Kram, den ich, weil er so preisgünstig war, viel zu unüberlegt erworben hatte.

Ich habe den Verdacht, dass ich den Großputz meide, weil ich nicht an den ganzen Überfluss erinnert werden will, der mir entgegenkommt. Leider gehöre ich nicht zu denen, die in jedem Frühjahr ihren Schrank ausmisten, unnötige Klamotten aussortieren und sie in die Altkleidersammlung tragen oder in Second-Hand-Shops bringen. Ich habe es auch noch nie geschafft, einen Flohmarktstand aufzubauen. Meinem Mann fällt es leichter, die Schränke zu durchforsten und schnell zu entscheiden, was weg muss. Ich bin nicht nachtragend, aber dass er die große Kiste mit den Lego- und Duplosteinen verscherbelt hat, die ich für meine künftigen Enkel aufheben wollte, habe ich ihm nicht leicht verziehen. Die schönen Steine sind weg, für immer. Nein, nachtragend bin ich nicht, mir fällt es nur schwer, mich von Dingen zu trennen.

Letztes Jahr habe ich geübt, ein einfacheres Leben zu führen. Ich habe Kleider zusammengetragen, sie kritisch in Augenschein genommen, in Säcke verstaut und zum Altkleidercontainer gebracht. Aber ich weiß, dass in meinen Schränken noch Kleider hängen, die ich vor zwanzig Jahren gekauft und nur ein paarmal getragen habe. Ich achte darauf, den Schrank nicht zu weit zu öffnen, ich will nicht mit meinen Sünden konfrontiert werden.

Ich bin keine Sammlerin. Ich möchte umweltbewusst leben und kann es nur schwer ertragen, dass ich den Überblick verloren habe, weil ich so übertrieben konsumiert habe. Aber ich übe fleißig, und schrittweise wird es leichter, nicht mehr ständig Neues zu kaufen, weil meine Kinder Jugendliche geworden sind und kein Spielzeug mehr brauchen oder ständig neue Kleidung, weil sie aus der alten viel zu schnell herauswachsen. Die Kinderjahre sind vorbei, es wird Zeit auszumisten.

•

GR. WT. 30¼LBS. CU. FL 1'2"
2-19
ASPIRIN
BLEISTIFT
welt
hölzer

Meine Tante war aus einem ganz anderen Holz geschnitzt als ich. Sie war äußerst sparsam, wie so viele, die Anfang des 20. Jahrhunderts geboren wurden. Sie hob alle Kordelstücke auf, zu ordentlichen Knäueln gebunden. Tanten mit Kordelsammlungen haben wohl die meisten von uns gehabt. Die Menschen hatten Notzeiten und Kriege erlebt und gewöhnten sich nie daran, Klebestreifen zu benutzen. Plastiktüten wurden ausgewaschen, getrocknet, geglättet und quadratisch gefaltet, Eiscremeverpackungen gespült, später mit Kuchen gefüllt, wenn ich nach meinem Sonntagsbesuch zurück nach Helsinki fuhr.

Im Haus meiner Tante herrschten klare Verhältnisse. Sie konsumierte nie zu viel. Im Gegenteil. Sie sparte lange und gönnte sich dann und wann etwas Schönes, immer von bester Qualität. Das meiste, was sie nach ihrem Tod hinterließ, hätte ich gleich weiterverwenden können, weil alles so solide und gepflegt war. Aber schon damals hatte ich zu viele Dinge, und ich habe ihre Sachen nie benutzt. Trotzdem hege und pflege ich sie. Sie werden in einer großen Kommode aufbewahrt, die ich Tantchens Museum nenne. Hin und wieder öffne ich die großen Schubladen und werfe einen Blick hinein. In solchen Momenten durchzuckt mich der Gedanke, was meine Kinder alles werden ausmisten müssen, wenn ich einmal sterbe.

•

Nachdem sich die Dinge in unserem Haushalt so explosionsartig vermehrt haben, schiebe ich zwei große Probleme vor mir her. Wie sollen meine Kinder es schaffen, all die Hinterlassenschaften ihrer knopfsammelnden Mutter auszusortieren, all die Dinge, mit denen sie keine Erinnerungen verbinden? Und welche Müllabfuhr soll sie auf vernünftige Weise entsorgen, wo ich doch so viel mehr Dinge und von viel schlechterer Qualität besitze als meine Tante? Es ist ein schrecklicher Gedanke, dass man Öl verbraucht, um Plastik und Polyester herzustellen, dessen Verbrennung den Kohlendioxidgehalt in der Atmosphäre erhöht. Und es tröstet mich keineswegs, dass ich meine Seelenqualen über die viel zu vielen Dinge mit der Autorin Maja Ekelöf teile, die schon in ihrem legendären, 1970 erschienenen Buch *Rapport från en skurhink* (»Reportage aus dem Putzeimer«) schrieb:

»Jetzt werde ich mit meinem Mottenpulver auf den Dachboden klettern und Handschuhe und Socken damit pfeffern. Dann werde ich versuchen, das auszusortieren, was weggeworfen werden muss. Aber das ist mein größtes Problem: Sobald ich etwas ausmisten soll, finde ich eigentlich nichts, das sich nicht noch einmal benutzen ließe. Deshalb passe ich wohl schlecht in diese Wegwerfgesellschaft. Wäre besser für eine frühere Epoche geeignet gewesen. Verabscheue Autos, Plastik und alles unnütze Zubehör, an dem wir bald ersticken werden.«

Vierzig Jahre später lebe ich noch immer mit der gleichen Atemnot. Ich will und kann nicht verzichten. Ich vermeide es, ordentlich und regelmäßig zu putzen, aufzuräumen, Sachen zu verbrennen, wegzuwerfen, wiederzuverwerten, Teppichflicken zu schneiden, Kleider mit altmodischem Schnitt umzunähen und zu ändern.

•

Vor einiger Zeit las ich eine großartige Schilderung über das Putzen, das nach dem Tod eines Menschen unausweichlich auf die Angehörigen zukommt. Sie stammt von Karl-Ove Knausgård und findet sich am Ende von *Sterben,* dem ersten Buch seiner auf sechs Teile angelegten Romanbiographie. Lustvoll sauge ich alles auf, was er über das Putzen nach dem Tod des alkoholsüchtigen Vaters schreibt, dessen Haus sich in einen einzigen stinkenden, verfallenen Dreckhaufen verwandelt hatte. In einer Mischung aus Ekel, Zähigkeit und Liebe beseitigen die beiden Söhne die Schmutzschicht, mit der sich der Vater in den Jahren seines Niedergangs bedeckt hat. Sie brauchen Gummihandschuhe und Plastiksäcke, um sich durch die Ablagerungen zu graben und sie anschließend zu beseitigen.

Diese Art von monumentalem Großputz ist in gewisser Weise einfacher als das Putzen, das nach meinem Tod auf meine Kinder zukommen wird. Die Wahrscheinlichkeit, dass ich als betäubter Alkoholiker sterbe, würde ich als äußerst gering einschätzen. Vermutlich sterbe ich ganz unspektakulär, an den Folgen eines körperlichen Leidens. Laut Statistik werden wir in der westlichen Welt im Jahr 2050 jede Woche dreißig Kilogramm Abfall produzieren, das wären 1,5 Tonnen Müll pro Person und Jahr. Aber bevor es so weit ist, müssen mein Mann und ich hinter unseren Eltern herräumen. Mit meiner Schwiegermutter lachen wir schon jetzt herzlich über die fünfundzwanzig Webstühle in ihrem Schuppen, die vielen Plastiksäcke mit Teppichflicken und Berge von Wollknäueln, die überall herumliegen. Meine Schwägerinnen wohnen in Schweden und Australien, sodass ziemlich klar ist, wer einmal das Haus entrümpeln muss, wenn seine letzte Bewohnerin gestorben ist. Aber ich habe einen weitsichtigen Plan: Ich werde meine Kinder dann miteinbeziehen. Diese Putzaktion soll die Generalprobe vor ihrer Konfrontation mit meinen Sachen werden, die aus dem Plastik, dem Nylon und den Spanplatten des Überflusses hergestellt wurden und von denen ich mich noch nicht zu befreien vermocht habe.

•

Verzeiht mir, meine geliebten Kinder.

Tag VIII

Ich putze für meine Zukunft Ich bewege mich zwischen zwei Putzparadigmen. Ich bin eine Frau mittleren Alters, die im Geiste der uralten Bauerngesellschaft und mit dem Glauben an Ordnung und Hygiene aufgewachsen ist, Werte, die für ein anständiges Leben standen. Doch um mich herum sehe ich jetzt ein Putzmuster, das vollkommen neu ist und vielleicht sogar beängstigend. Es nennt sich *Feng Shui* und schwingt Putzen und Einrichtung auf eine ganz andere, eher geistige Ebene. Nach dem Feng Shui, das auf einer sehr alten chinesischen Philosophie gründet, geht es bei der Ordnung im Haus nicht in erster Linie um Schmutz oder Sauberkeit, sondern um das mentale Gleichgewicht der Bewohner. Feng Shui basiert auf dem an und für sich vernünftigen Gedanken, dass man sich von überflüssigen Dingen befreien soll. Daraus haben meine Freundinnen ein neues Verb entwickelt: Sie »feng shuien«, was meistens bedeutet, dass sie einen Großputz machen, um zu Hause Raum für frische Luft und neue Energie zu schaffen.

Dank der umfangreichen Literatur über Feng Shui wird mir schnell klar, dass dieses Konzept eine viel philosophischere und komplexere Dimension hat. Im Zentrum des Feng Shui steht die Lebensenergie, »Qi«, nach der sich auch die Bewegungsabläufe des Taijiquan und die Akupunktur richten. Das Qi soll in unserem Kör-

per möglichst frei fließen können, damit es uns gutgeht. Feng Shui bezieht sich auf die Energie, die durch die Räume, in denen wir uns bewegen, fließen soll, also außerhalb unseres Körpers.

•

Feng Shui ist wahrlich eine komplizierte Philosophie, aber es gibt Experten, die uns helfen können, unser Zuhause so umzugestalten, dass Gesundheit und Glück einziehen und uns auch noch tragen, wenn wir unser Heim verlassen. Schön und gut, ich gehe regelmäßig zur Akupunktur, weshalb ich die Welt des Qi auf meine Weise schon betreten habe. Die Lehre ist uralt und für sich genommen bestimmt auch nicht verkehrt, aber wenn sie dazu führt, das ohnehin schon übersteigerte Interesse am Einrichten noch zu steigern, irritiert mich das.

Schon in den 1990er Jahren sprachen die Soziologen von *Cocooning,* einer Lebenshaltung, bei der das Interesse am eigenen Nest, dem eigenen Kokon, größer ist als das Verantwortungsgefühl für die Welt draußen. Im Kielwasser des Nestbauphänomens und einer erstarkten Wirtschaft tauchten dann all die Zeitschriften und Blogs über Einrichtung, Essen und Gärten auf. Der Wunsch nach mehr Schönheit im Alltag soll keineswegs abgewertet werden. Aber wenn wir dann auch noch eine Feng Shui-Dimension hinzufügen, mit der das perfekt eingerichtete Zuhause zu einer Basis des persönlichen und beruflichen Erfolgs wird, gerät die Einrichtungsideologie zu einem Lebensinhalt, der uns genauso erdrücken könnte wie die Hausfrauenideologie einige Jahrzehnte zuvor. Das Zuhause sollte frei sein von Lehren über richtig und falsch.

•

Die Ästhetisierung und Ideologisierung des eigenen Heims hat eine neue Nische für den Konsum geschaffen. Ich spüre es, wo immer ich mich bewege, in meinem Viertel in Helsinki, in Hanko, in den gemütlichen Gassen der Altstadt von Porvoo. Und über allem schwebt der Geist von IKEA. In den großen grauen Hallen des Möbelhauses erhalten wir nette Tipps zur Einrichtung unserer Wohnräume, und wenn wir gerade einmal kein neues Bett oder keinen neuen Sessel kaufen wollen, können wir auf dem Weg hinaus wenigstens ein paar neue Gläser, Teller, Bratpfannen, Zimmerpflanzen und Kissenbezüge erstehen, Accessoires, mit denen IKEA den meisten Umsatz macht. Hier findet sich etwas für jeden Geldbeutel.

Die finnischen Einrichtungshäuser hatten diesen Trend lange verpasst. Sie verharrten noch bei den standardisierten Wohnvorstellungen des 20. Jahrhunderts, mit starren Sitzgruppen und Esstischen mit sechs Stühlen, die zu großen Löchern im Haushaltsbudget und zu Ratenzahlungen führten. Inzwischen folgen sie dem IKEA-Trend natürlich und haben allerlei Dinge fürs kleinere Budget im Angebot, aber IKEA übertrumpft man nicht so leicht. Gerade heute habe ich wieder gelesen, dass einem der großen finnischen Möbelhersteller die Insolvenz droht.

Eine Nische für die Ästhetisierung des Heims bieten die kleinen, ziemlich exklusiven Einrichtungsläden mit ihrem je eigenen Stil. Verlasse ich meine Wohnung in Helsinki, finde ich im Umkreis von einem Kilometer die schönsten Anregungen für eine provenzalische, britisch-koloniale, amerikanisch-nordisch-maritime, dunkel asiatische oder farbenfrohe indische Einrichtung. Die Auswahl gibt dem, der es sich leisten kann, unerschöpfliche Möglichkeiten, sich mit einem aparten Zuhause zu profilieren.

•

Als ich diesen Faden mit meiner Freundin Sara weiterspinne, die bedeutend jünger ist als ich, sagt sie, dass diese Entwicklung einhergeht mit der Entwicklung auf dem Modesektor. Selbstverständlich gibt es Modetrends, aber darüber hinaus gibt es auch den Trend zum persönlichen Stil. Alles, vom Brillengestell bis hin zur Form des Schuhabsatzes, soll Signale aussenden, einen Hinweis auf die eigene Persönlichkeit geben. Sara hat natürlich recht.

Finnische Küchen, und das ist interessant, scheinen dagegen von jeder Art von Styling verschont zu bleiben. Das stelle ich fest, als ich in einem Einrichtungsgeschäft für hochwertige finnische Küchen stehe. Es befindet sich in einem alten Bankkontor mit Wandgemälden von etwa 1930. Eines davon gefällt mir besonders, es zeigt eine Frau, die auf einem Stuhl sitzt und liest, umgeben von allerlei Zahnrädern und Arbeitsmaschinen. Das bin doch ich, die da sitzt, mitten im Leben!

Der Geschäftsinhaber schwärmt von den Innovationen und den neuen, nachhaltigen Fertigungsprozessen, stöhnt jedoch über die Einfallslosigkeit seiner Kunden. Die Oberflächen der Küchen sollen weiß und glänzend sein. Auch Chrom ist nach wie vor gefragt. Warum möchte niemand in all dem Weiß irgendwo eine orangefarbene Leiste sehen? Warum keine roten Schränke? Das einzige Detail, das vor allem junge Menschen mit großer Sorgfalt auswählen, sind die Griffe der Schränke und Schubladen, sagt er und stöhnt erneut. Es wird deutlich, dass er in seinem Job gerne größere Herausforderungen hätte.

Vielleicht ist die Küche nach wie vor so sehr mit Arbeit verbunden, dass sie möglichst neutral wirken soll, vielleicht ist die Küche ein Raum, den wir unseren Gästen nicht zeigen und den wir deshalb nicht mit derselben Liebe ausstatten wie andere Teile der Wohnung, denke ich. Wobei es natürlich schade ist, dass es sich so verhält, denn in früheren Zeiten waren die Küchen einmal ein Raum, in dem Arbeit und Wohnlichkeit einhergingen. Das darf gern weiterhin so sein. Und was für ein Glück, dass es heute keine Kochnischen ohne Platz für einen Küchentisch mehr gibt!

•

Meine stilsichere Freundin Pia-Maria betrachtete einmal nachdenklich das Wohnzimmer in unserem kleinen Haus in Hanko. »Shabby chic«, lautete ihr Urteil über das, was sie sah. Mein Mann und ich blickten uns an, wir hatten nicht gewusst, dass es ein Etikett für unsere Wohnzimmereinrichtung gab. Vermutlich waren wir auch ein bisschen entrüstet, weil wir der Meinung waren, einen individuellen Weg eingeschlagen zu haben, einen, der sich an allen existierenden Wohnstilen vorbeischlängelte.

In Wahrheit hatten wir viel zu viel Zeit und Interesse darauf verwendet, das kleine Haus einzurichten. Wir kokettieren gern damit, dass alles in unserem Wohnzimmer auf Flohmärkten in Hanko und Helsinki gekauft wurde. Nur zwei Vitrinen, in denen ich meine japanischen Teetassen und besonders schöne Gläser ausstelle, stammen von IKEA. Alles andere: Funde aus einer Zeit, als Handwerk und stabiles Material (idealerweise Birke) noch selbstverständlich waren.

•

Wer bin ich, mich über anderer Leute Streifzüge durch Wohnphilosophien und Einrichtungsläden lustig zu machen – schließlich sind auch mein Mann und ich dem Wohntrend hinterhergehechelt. Natürlich wollten wir damit für Gemütlichkeit sorgen. Und inwiefern sich unsere Art der Einrichtung mit stiller Leidenschaft von jenem Feng Shui unterscheidet, das meine Skepsis weckt, ist schwer zu sagen. Ich habe keine Feng Shui-Karte, ich mache mir keine Sorgen darüber, ob mein Qi frei fließt und einen *flow* in mein Leben bringt, aber ich sorge sehr wohl dafür, dass die Möbel im richtigen Winkel zueinander stehen und die zarten Gardinen in schönen Falten fallen, ohne allzu viel vom Garten vor dem Fenster zu verbergen. Die Trends der Zukunft liegen nicht länger vor mir, sie sind schon bei mir eingezogen. Feng Shui light.

Tag IX

Ich mangele Das Mangeln ist eine meiner sinnlosesten Haushaltstätigkeiten. Meine Freundin Ann-Helen sagt, ich sei die Einzige in ihrem großen Bekanntenkreis, die mangele. Sie selbst rollt die Laken nur ganz fest zusammen, ehe sie sie in den Schrank legt, dann fühlen sie sich glatt und frisch an, wenn sie beim nächsten Mal die Betten bezieht. Und ja: Sicher sind all die Arbeitsschritte, die zum Mangeln gehören, eine ziemliche Zeitverschwendung. Aber ich kann es nicht lassen, ich kann einfach nicht.

Ich besitze keinen Wäscheschrank im eigentlichen Sinne. Auch das ist ein Einrichtungsgegenstand, der schon lange vom Markt verschwunden ist. Mein Mann hat ein solches Möbel einmal auf dem Flohmarkt erstanden, denn wir wünschten uns einen Schrank, in dem wir unseren hässlichen Fernseher verstecken konnten. Der Trödelfund sah genau so aus wie der Wäscheschrank, der in meinem Elternhaus gestanden hatte, hartes Holz, zarte Verzierungen. Aber wir haben ihn zerstört. Unser Fernseher war so ausladend, dass er nicht hineinpasste, weshalb wir ein Loch in die Rückwand sägten. Dort zogen wir auch die Kabel durch. Ich schäme mich immer noch dafür, wie übel wir dem schönen Stück mitgespielt haben, um es an unser elektronisches Zeitalter anzupassen.

In einem Wäscheschrank werden die exakt gefalteten Betttü-

M

cher zu auf den Millimeter genauen geraden Stapeln geschichtet, und die Bändchen der Bettwäsche werden um kleine Hölzchen gerollt, damit sie sich fein kräuseln. Meine Alltagsbettwäsche liegt in einer IKEA-Kiste unter dem Bett. Zu meiner Mitgift gehören allerdings auch ein Dutzend handgenähter Betttücher, an denen ich hänge, in denen ich aber nie schlafe. Sie sind aus ungebleichter, herrlich dicht gewebter Baumwolle. Alle Bettlaken sind mit einem Monogramm bestickt, MA, alle Überschlaglaken sind Kunstwerke mit selbstgehäkelter oder geklöppelter Spitze. Die Monogramme auf den Oberlaken sind größer und schöner als die auf den Unterlaken.

Angesichts der Bettwäsche aus meiner Mitgift ist es natürlich traurig, dass eines Tages die Deckenüberzüge kamen und die weißen Überschlaglaken verdrängt haben. Praktisch und einfach zu handhaben – keine verhedderten Laken am Fußende mehr. Es war ein großer Moment, als ich meinen ersten Deckenbezug erwarb. Aber ich wusste nicht, wie man ihn benutzte, also kroch ich in den Bezug hinein, legte die Bettdecke darüber und fand es dort ziemlich eng und warm, ich fühlte mich eingesperrt.

•

Ich habe gern zugesehen, wenn meine Mutter und meine Tante für mich die Bettwäsche nähten, die Spitzen häkelten, die Blumenranken und Monogramme stickten.

•

Ich besitze nicht nur meine eigenen feinen Laken, sondern habe auch welche von meiner Tante geerbt. Ein Teil davon ist aus Leinen gewebt, das aus dem Flachs gesponnen wurde, der auf der kleinen Insel meiner Großeltern mütterlicherseits wuchs. In der Mitte des Lakens verläuft eine Naht, weil man so breite Leinenbahnen nicht weben konnte. Die anderen Betttücher sind modernere Baumwolllaken, aber immer noch erlesen. Meine Tante war eine sehr versierte Stickerin; die einzelnen Stiche sind unsichtbar, sie verbinden sich über den eigentlichen Baumwollfasern des Lakens zu einer schönen Oberfläche. Die Betttücher liegen in der Kommode, Tantchens Museum, und ich benutze sie nie. Es führt kein Weg zurück vom Bettdeckenüberzug zum Überschlaglaken. Aber zu Gardinen oder Tischdecken möchte ich sie nicht umnähen, noch nicht.

•

Als ich jünger war, stellte ich eine moderne Version der alten Überschlaglaken her. Ich habe ungebleichte, robuste Baumwolle zu zwei identischen Deckenbezügen zusammengenäht. Zwanzig Zentimeter unterhalb der Oberkante habe ich eine selbstgehäkelte Spitzenborte eingesetzt, ganz akkurat. Die habe ich gehäkelt. Insgesamt drei Meter Spitze für zwei Bezüge. Verglichen mit all der Spitze, die frühere Frauengenerationen gehäkelt haben, ist das nichts, womit ich mich brüsten könnte, aber dennoch. Und unterhalb der Spitze prangt ein großes, verschnörkeltes Monogramm, MA, aus marineblauem Stickgarn (das weniger glänzt als Mouline-Garn und eine regelmäßige Oberfläche ergibt). Wunderhübsch. Etwas Ähnliches sollte ich mit den alten weißen Überschlaglaken machen, ihnen eine Unterseite geben, so würden sie als moderne und praktische Deckenüberzüge wiederauferstehen.

•

Einmal saßen meine Freundin Sabine und ich zusammen und träumten davon, eine Freiluftausstellung in der Altstadt von Porvoo zu kuratieren. Wir würden Menschen auffordern, ihre alten weißen Betttücher mitzubringen. Wir würden sie in den Gassen aufhängen, der Wind würde durch sie hindurchwehen, sie zu Wolken aufbauschen, die Leute würden zwischen ihnen umhergehen und über die Kunstwerke aus alten Laken staunen. Sabine hat seither alles Mögliche organisiert, um die Talente von Frauen herauszustellen, also ist es nicht ganz unwahrscheinlich, dass wir unseren Traum eines Tages verwirklichen werden. Weiße, handgemachte Wolken.

•

Gemangelte Betttücher fühlen sich anders an als zusammengerollte. Sie sind hart und steif, wenn man unter die Laken schlüpft. Außerdem glänzen sie. Ich kann das Mangeln nicht lassen.
Das Mangeln findet in meiner Küche statt. Die Mangel habe ich

ebenfalls von meiner Tante geerbt. Davor habe ich eine elende Zeit mit schlaffen Laken gelebt. Meine Mangel ist ziemlich hässlich und senfgelb, man kann sie also leicht in die trüben Siebzigerjahre datieren, als die Waschküchen aus den Mietshäusern verschwanden – und es in den Wohnungen mehr Platz für Elektrogeräte gab. Auch die elektrische Mangel wurde den kleinen Wohnungen angepasst.

In meiner Kindheit war das Mangeln ein Großprojekt. Zusammen mit der Nachbarin hatten wir die gewaschenen Betttücher in große Spankörbe gelegt und schritten gemeinsam zum nächsten Mietshaus. Dort im Keller (der immer nach frischer Wäsche duftete) stand die große Steinmangel. Es brauchte zwei Frauen, um sie zu manövrieren, vom einen Ende zum anderen muss sie drei oder vier Meter gemessen haben, und sie machte einen beträchtlichen Lärm. Harte Frauenarbeit, die aber nie infrage gestellt wurde. Laken mussten gemangelt werden.

Ich konnte den ganzen Nachmittag lang beim Mangeln zusehen. Ein Ritual, das eine Form von Gemeinschaft schuf, wie es sie heute kaum noch gibt. Ich verstand nicht alles, worüber die Frauen sprachen, wurde jedoch vom Rhythmus der Gespräche und der aufeinander abgestimmten Bewegungsmuster an der großen Mangel gewiegt. Gemeinschaft entsteht unter anderem dadurch, dass die Bewegungen der Körper auch die Gedanken und Worte in einer wechselseitigen Choreographie in Bewegung setzen.

•

Für ein kleines Kind kann es nicht viele Orte geben, an denen es sich geborgener fühlt als in einem Mangelraum. Doch, einen Ort: direkt unter dem Laken, wenn zwei Erwachsene es nach dem Waschen glattziehen und zusammenlegen. Erst ertönt ein Knall hoch über dem Kopf. Dann folgt ein kühler Luftzug, der den ganzen Körper überströmt. Die Wolke hoch oben, die Wolke, die sich hinabsenkt, bis man darunter fast verschwindet. Das ist ein wunderbarer Ort. Auch meine Kinder legten sich unter die Laken, wenn mein Mann und ich sie glattzogen. Ich wusste, was sie fühlten, sie brauchten es nicht zu erklären.

Streng genommen zählt das Mangeln nicht zum Hausputz. Sämtlicher Schmutz ist ja schon weg, wenn die Laken zwischen die schweren Walzen gezogen werden. Aber eigentlich gehört zum Reinemachen doch auch, den Dingen zu Hause eine schöne Oberfläche zu verpassen. Polierte Töpfe (wenn meine Mutter Rhabarbergrütze gekocht hatte, bekamen die Aluminiumtöpfe anschließend eine silbrige Oberfläche, auf der man die Kratzer fast nicht mehr sah), geputzte Silberlöffel, gebohnerte Böden und glänzende Ledermöbel. »Pled« hieß das Wundermittel, das mehrere Jahrzehnte lang in den Wohnungen versprüht wurde, um sie zum Glänzen zu bringen. Ich erinnere mich an eine Reklame mit einer Frau mit hochtoupiertem Haar, die sich auf die Kante eines dunklen Ledersofas setzt – graziös, sexy –, »Pled« auf dem Glastisch versprüht und dann mit dem Tuch einen durchsichtigen Glanz schafft.

Das Mangeln gehört zu derselben Glanzkategorie des Putzens. Minus Sexappeal.

•

Das Mangeln kann man auch deshalb als eine Form des Putzens bezeichnen, weil es viel mit der häuslichen Hygiene zu tun hat. Es heißt, dass Milben und anderes Ungeziefer aus dem Bett ferngehalten werden, wenn die Bettwäsche erstens oft genug gewechselt wird und zweitens diese spezielle, durchs Mangeln gefestigte Oberfläche hat, durch die die Schädlinge nicht dringen können. Mangeln ist also vernünftig, auch wenn ich die letzte Frau im Süden Finnlands, im Norden Europas, ja, auf der ganzen Welt bin, die es tut. Das will ich glauben, das will ich leben.

•

PS: Gerade sehe ich es: Eine andere Maria, die im benachbarten Viertel wohnt, bekennt auf Facebook, dass sie gemangelt habe. Jetzt sind wir schon zwei Vernünftige.

PPS: Am Tag darauf hat auch Martina aus Kauniainen ihre Mangelleidenschaft kundgetan. Die Bewegung wächst.

Tag X

Ich putze und konsumiere Gestern habe ich versucht, das Mopp-Monopol zu bekämpfen, das sich im Wesentlichen zwei Hersteller untereinander aufteilen. Ich war auf der Suche nach einem neuen Mikrofaserbezug für meinen Mopp, eine Hülle, die man bequem über die Halterung ziehen kann. Aber mein Mopp wurde in dieser Form nicht mehr hergestellt, also gab es auch die entsprechenden Halterungen und Bezüge nicht mehr. Ich hätte mir ein komplett neues Set kaufen müssen, und das wollte ich nicht. Nach drei Jahren sollte ein Mopp noch nicht veraltet sein.

Verbissen wischte ich weiter mit dem viel zu zerschlissenen Bezug, bis ich in einem Discounter in Helsinki Bezüge fand, die auf die vielen Mopps passten, die ich und viele andere im Schrank hatten. Die Bezüge waren keine Markenprodukte, keine Produkte der beiden Monopolisten. Sie waren hellblau und limettengrün, und ich kam ins Grübeln: Warum waren die Originalbezüge bloß weiß gewesen; sie wurden ja schon nach dem ersten Wischen schmuddelig und ziemlich unansehnlich. Obendrein waren meine neuen Bezüge billiger, drei Euro das Stück. Und ich kann den immer noch intakten Mopp weiterhin benutzen, produziere keinen Metall- und Plastikschrott.

Wisch
und weg
PUTZEN

Trotzdem hatte ich ein schlechtes Gewissen. Der Discounter gehörte Männern, die in einen Bestechungsskandal verwickelt gewesen waren, und es machte mich nicht gerade glücklich, Geld in ihre Korruptionskassen fließen zu lassen. Ich war auch nicht unbedingt stolz darauf, ein Unternehmen zu unterstützen, das diese Bezüge unter menschenunwürdigen Bedingungen in Asien herstellen lässt. Und trotzdem stimmte mich meine Entdeckung ein bisschen euphorisch: Die Herausforderer im Billigpreissegment hatten Produkte hergestellt, die mit der »Produktentwicklung« der Marktriesen konkurrieren konnten. Die beiden Großen wollen uns glauben machen, Mopps wären genauso hochtechnologisch wie Computer, Digitalkameras oder Smartphones. Ich dagegen bin der Meinung, dass Putzgeräte einfach, haltbar und billig sein sollten, weil sie unentbehrlich sind.

•

Heutzutage scheint es kein einziges Rückzugsgebiet mehr zu geben, indem wir einmal nicht überrollt werden, mehr zu kaufen und damit moderner, aktueller, smarter zu werden. Männer und Frauen sind diesem Druck gleichermaßen ausgesetzt. Das Angebot an Nahrungsmitteln ist irrsinnig groß, Wellness-Einrichtungen bieten immer exotischere Behandlungen an, die Produkte der Elektronik-Industrie werden als die letzten Innovationen gepriesen, ganz gleich, wie klein der Unterschied zwischen dem neuen Modell und dem alten auch sein mag. Männer fangen an, Make-up zu benutzen.

Ich klinge mürrisch. Ich bin wütend.

•

Ich stehe in einem Kaufhaus in der Abteilung für Putzutensilien und betrachte das Angebot. Es wird immer größer und will mich dazu verführen, mein Gerätearsenal neu aufzurüsten. Ich entdecke die schärfste Erfindung der Saison: Der Roboterstaubsauger hat einen kleinen Partner aus Plastik bekommen, eine Art umgedrehten roten Teller, der an eine fliegende Untertasse erinnert. Es ist ein Robotermopp. Er lässt sich aufladen und saust dann umher und wischt den Boden, ganz von allein. Die Frau (!), die auf dem Katalog abgebildet ist, sitzt derweil auf dem Sofa und liest eine Zeitschrift. Oh, diese ständigen Verheißungen, unser Leben – also das der Frauen – würde leichter werden dank neuer Geräte, die so schnell veralten, dass man sie drei Jahre später nicht mehr nachrüsten kann. Aber ich habe vor, mich mit meinen limettengrünen Moppbezügen zufriedenzugeben, die man waschen kann und die deshalb auch die nächste Innovationswelle auf dem Putzmarkt überleben werden.

•

Auch Raumdüfte sind im Trend. Es reicht nicht mehr, die Putzaktion damit zu beenden, dass man das Fenster öffnet oder Zitrus-Raumspray versprüht. Neuerdings müssen die Düfte aus der Materie erwachsen. Kerzen duften nach Vanille, Lavendel oder Weihnachtsgewürz, und in einer Flasche mit einem raffiniert komponierten Öl steckt ein kleines Holzstäbchen, das zu Hause einen individuellen Duft verbreitet. Saubere und frische Luft ist langweilig. Wobei sie das auch schon war, als man ätherische Öle in einem Schälchen über einem Teelicht erhitzte. Ich glaube, das war in den Neunzigerjahren. Trends kommen und gehen. Meine Gedanken verlaufen nicht in geordneten Bahnen.

Tag XI

Ich verzichte auf eine Haushaltshilfe Wer putzt daheim? Fast das gesamte letzte Jahrhundert hindurch waren es die Frauen, die man in der Werbung mit einem Putzmittel in der Hand und einem Lächeln auf den Lippen sah. Dann kamen der Feminismus der Siebzigerjahre, die Kommunen und mitunter auch der verwirklichte Traum von der geteilten Hausarbeit. Dass Männer heute genauso viel putzen wie Frauen, sollte eine Selbstverständlichkeit sein, schließlich haben wir genug Zeit gehabt, neue Verhaltensmuster zu erlernen und uns von den alten Geschlechterrollen zu trennen. Allerdings kann ich mich nicht daran erinnern, jemals mit einem Mann über das Putzen gesprochen zu haben. Andererseits spreche ich auch mit Frauen nicht oft darüber. Entweder stört das Putzen den Seelenfrieden meiner Freunde nicht sonderlich, oder es ist ein Tabuthema, über das niemand wirklich reden möchte. Vielleicht ist es auch ganz einfach uninteressant. Gleichzeitig heißt es, dass das Thema Putzen in Beziehungen einer der häufigsten Auslöser für Streit, Streit und noch mehr Streit ist.

•

Bei uns zu Hause wird nicht über das Putzen gestritten. Vermutlich liegt das vor allem daran, dass wir nicht gerade viel putzen. Mein

Mann und ich hegen beide eine Vorliebe für das Fegen, in unseren Adern fließt viel Bauernblut, und wir mögen keine Staubsauger. Im Herbst habe ich damit experimentiert, den Staub auf den Teppichen mit meinen neuen Mikrofaserbezügen aufzufangen. Ich zog den Mopp erst vor und zurück, dann kreuz und quer über die Teppiche, sodass der Staub Klumpen bildete, die ich dann mit dem Handfeger beseitigte. Das tat ich nur, weil ich während meines langen Krankgeschriebenseins zu viel Zeit hatte. Aber ich wollte auch testen, ob wir ohne Staubsauger zurechtkommen würden. Wir haben unseren Staubsauger von meiner Tante geerbt, die bekanntlich auf beste Qualität achtete, trotzdem ist er klobig und lässt sich nur schwer ziehen. Er scheint oft in eine andere Richtung streben zu wollen als ich, und ich bewege mich nicht gern zurück, grundsätzlich nicht. Also versuche ich den Staub zwischen Tisch- und Stuhlbeinen stattdessen mit meinem leichten Mopp zu erwischen. Der Mopp saust flink in alle Richtungen und passt ausgezeichnet zu meinem Temperament. Ohne einen brummenden Traktor im Schlepptau bin ich bester Laune.

Manchmal gelingt es mir, meine Teenager-Tochter zum Staubsaugen zu überreden. Mein Sohn ist ausgezogen, und ich glaube, dass er seine Wohnung selbst putzt, jedenfalls haben wir ihm eine Ausrüstung für die Grundreinigung mit auf den Weg gegeben. Einen Staubsauger hat er nicht, denn er ist genauso ökologisch gesinnt wie seine Mutter.

•

Ein Grund dafür, dass einige meiner Freundinnen nicht über das Putzen klagen, heißt vermutlich Putzfrau. Immer mehr Menschen nutzen die Möglichkeit, die im Haushalt von Profis ausgeführten Dienste von der Steuer abzusetzen. Auch bei uns haben einmal für kürzere Zeit zwei Frauen geputzt, als die Kinder noch klein und wir völlig übermüdet waren und die Zeit hinten und vorn nicht reichte. Eine der Putzfrauen wollte sich etwas zum Studium dazu verdienen. Die andere war aus einem asiatischen Land nach Finnland gekommen, um einen Finnen zu heiraten. Er misshandelte sie, und sie wollte weg von dem Mann, weg aus dem neuen Land.

•

Mein Mann und ich heirateten erst spät, nachdem wir dreizehn Jahre lang zusammengehalten und zwei außereheliche Kinder gezeugt hatten (aber immerhin zusammen). Um unseren ersten Hochzeitstag zu feiern, beschlossen wir, es noch einmal zu versuchen und uns mit einer Putzfrau zu beschenken. Aber wir taten es dann doch nicht, damals war das Steuersystem mit den Abzügen noch neu, und die komplizierten Formulare schreckten nur ab. Außerdem waren unsere Kinder schon aus der gröbsten Lego- und Puzzlephase heraus.

Heute sind die Formalitäten kinderleicht zu erledigen, aber wir haben trotzdem keine Putzfrau. Selbst zwei Monatsgehälter reichen nicht für einen Luxus wie Personal zu Hause. Mit zwei jugendlichen Kindern in der Familie gönnen wir uns stattdessen Reisen in die europäischen Metropolen, um uns zu bilden, Klamotten einzukaufen, im Café zu sitzen, durch Militär- und Kunstmuseen oder Buchhandlungen zu streifen. Wir können gut zusammen reisen, und dieses Vergnügen ist es uns wert, den Staub in den Ecken zu belassen und auf eine Putzfrau zu verzichten, obwohl der Staat uns dafür Steuererleichterungen einräumen würde. Außerdem möchte ich, dass die Kinder sich daran gewöhnen, selbst zu putzen, denn ich bin mir nicht sicher, ob sie es sich einmal werden leisten können, jemanden anzustellen, der hinter ihnen herputzt.

•

Die Frage, wer zu Hause putzt, reicht weit zurück. Sie war schon Thema, lange bevor der Siegeszug der Mittelschicht begann. Einer meiner Freunde, Arne, der sechsundachtzig Jahre alt ist und aus der Oberschicht kommt, erinnert sich noch an die Bediensteten, die in den Zwanzigerjahren in seinem Elternhaus nach strengen, ritualisierten Abläufen putzten. Arne ist Architekt und hat herausgefunden, wann die ersten Waschhütten an den Stränden von Helsinki gebaut wurden. Eine äußerst begrüßenswerte Einrichtung. So konnten sich die Wäscherinnen während des eigentlichen Waschvorgangs im Warmen aufhalten, bevor sie die Bettlaken und Kleidungsstücke der Herrschaften im eiskalten Meereswasser ausspülten. Das war um 1900. So etwas muss Arne wissen, denn er schreibt gerade seinen vierten Roman, der zur Zeit der legendären Belle Époque spielt.

Die Fotografin Signe Brander, die mit ihrer Kamera das Stadtleben Helsinkis vor hundert Jahren einfing, hat auch die Waschhütten am Strand von Kaivopuisto aufgenommen. Wo früher die Waschhütten standen, verläuft heute die schöne Strandpromenade. Dort liegen auch die letzten Teppichwaschstege. Wenn ich heute dort entlangspaziere, sehe ich überblendete Bilder: An diesem Ort ist in kleinen Hütten gewaschen worden. Die Waschhütten sind längst verschwunden, aber im Sommer werden hier nach wie vor Teppiche geschrubbt. Orte bilden Ablagerungen, und irgendwann werden auch die Teppichwaschstege für mich nur noch Erinnerung sein, irgendwann werden auch sie verschwinden.

•

Im Jahr 1898 organisierten sich die Haushaltshilfen im Großfürstentum Finnland in einem Verband, um ihre beruflichen Interessen zu wahren. Eines der ersten großen Projekte des Verbands war die Einrichtung von Lese- und Schreibkursen für die Haushaltshilfen. Wie sollten sie sonst den Kontakt zu ihren Verwandten auf den Dörfern halten, und wie sollten sie über ihre Arbeitsbedingungen verhandeln, wenn sie nicht lesen und schreiben konnten? Der Verband für Haushaltshilfen fand schnell eine erfolgreiche Strategie, um Öffentlichkeit herzustellen. Sie erkannten, dass Leserbriefe und Aufrufe in Zeitungen ein gutes Mittel waren, um ihre Forderungen nach geregelten Arbeitszeiten (ein freier Abend in der Woche und ein freier Sonntag waren wichtige Ziele) und Sommerferien publik zu machen. Besonders die Ferienfrage war kompliziert. Oft wurde die Haushaltshilfe als eine Art Familienmitglied angesehen, sie wohnte bei ihren Arbeitgebern im Dienstbotenzimmer, auch wenn ihr Name nicht an der Tür oder am Briefkasten stand, und nicht selten hatte sie auch das engste Verhältnis zu den Kindern. Warum sollte sie da nicht auch im Sommer die Sonne zusammen mit »ihrer« Familie genießen?

•

Seit den 1930er Jahren veränderte sich die finnische Gesellschaftsstruktur, die obere Schicht verlor an Vermögen und das Leben mit einer Haushaltshilfe wurde teurer und beengter. Hinzu kommt, dass sich den jungen Frauen allmählich auch andere Arbeitsstellen anboten. 1952 schrieb die inzwischen in Vergessenheit geratene Autorin Ingegerd Lundén ein schwermütiges Buch, *För gitarrens skull* (»Der Gitarre wegen«), in dem sie den Zusammenbruch der alten Gesellschaft beschrieb:

»Haushaltshilfen. Ja, wir müssen uns ein für alle Mal klarmachen, dass die Zeiten vorbei sind, in denen sich Familien wie die unsere eine Haushaltshilfe leisten konnten. Der hohe Lebensstandard unserer Eltern war nur deshalb möglich gewesen, weil sie ihre Angestellten schlecht bezahlten. Und diese Arbeitskraft gibt es nicht mehr. In die Hände gespuckt, meine Hübsche, mit Universitätsabschluss und einer Büroarbeit von neun bis fünf. Jetzt heißt es, die Haushaltshilfe durch eigene Kraft zu ersetzen. Du brauchst nur eine Stunde früher aufzustehen. Einfacher geht es nicht. Stell dich morgens in die Schlange, renn dir in der Mittagspause die Lunge aus dem Hals, um für abends einzukaufen. Fahr in der überfüllten Straßenbahn nach Hause, bereite das Essen zu und zeige eine glückliche Miene. So gegen neun, zehn, elf am Abend bist du dann vielleicht mit dem Strümpfestopfen fertig oder mit der Wäsche oder der Änderung deines alten Wollkleids, das deiner Tochter noch ein paar Jahre lang gute Dienste erweisen kann. Dein sechzehnstündiger Arbeitstag ist jetzt zu Ende, und du kannst ins Bett gehen und deinem Ehemann behagen. Außerordentlich behagen.«

So rau wird das Leben anno 1952 geschildert, und ich fürchte, dass meine Tochter im Jahr 2032 einen ähnlichen Text wird schreiben können, als müde Mutter mit Kleinkind, höherer Ausbildung und Teilzeitstelle, die obendrein ihrem Ehemann behagen will. Noch geht es meiner Generation wirtschaftlich und beruflich besser als unseren Eltern. Aber meine Kinder, wird ihr Leben so leicht wie unseres sein? Trotz Konjunkturschwankungen? Ist es, ökologisch betrachtet, überhaupt angemessen, ihnen ein Leben zu wünschen, in dem sie finanziell besser gestellt sind, wenn wir schon jetzt alle denkbaren Rohstoffe verschwenden und so riskieren, in einen Abgrund des schmutzigen Elends zu stürzen?

•

In einem Punkt wird es die Generation meiner Tochter leichter haben als meine: Die Hausarbeit wird gerechter aufgeteilt, die bitteren Streits werden weniger werden. Etwas anderes will ich gar nicht glauben. Eine Haushaltshilfe wird sie wohl kaum haben. Höchstens eine Putzfrau, auf die ich bis auf Weiteres verzichte. Aber ich will es so: Die Reisen mit meiner Familie sind momentan wichtiger als ein sauberes Zuhause. Bald werden unsere Kinder flügge, fliegen fort von uns, ohne uns.

Tag XII

Ich putze, wann ich will Ich habe angefangen, dem Putzen einen neuen Stellenwert zu geben. Wie ein Lied, das zum Ohrwurm wurde, begleitet es meinen Alltag. Dabei habe ich ein eher laxes Verhältnis zum Putzen: Ich putze eigentlich nur dann, wenn mir danach ist oder wenn sich Gäste ankündigen. Das wöchentliche Ritual habe ich aufgegeben.

•

In unserem Leben geschieht vieles, ohne dass wir es genau benennen können. Während eines Mittagessens mit einer früheren Kollegin aus der Wissenschaft, Susanne, einer Kulturanthropologin, fällt uns auf, dass wir, nachdem wir uns mehrere Jahre nicht gesehen haben, bei einem ähnlichen Forschungsgegenstand gelandet sind. Sie erforscht die unterschiedlichen Dimensionen des monotonen Gehens, und ich schreibe über das Putzen. Die Kulturanthropologin und die Literaturwissenschaftlerin sehen sich voller Eifer an, reden in schnellem Tempo. Die Literaturwissenschaftlerin bekommt einen Literaturtipp von der Kulturanthropologin und bestellt ein neues Buch, eine wissenschaftliche Abhandlung über das Putzen im eigenen Haushalt – jetzt eröffnen sich die seriösen Perspektiven auf die Alltäglichkeit des Alltags!

Ich leihe mir das Buch *Home Truths* in der Bibliothek aus. Seine Verfasserin Sarah Pink ist eine britische Anthropologin, die wissen wollte, ob in Spanien Putzen einen anderen Stellenwert hat als in England. Sie hat Menschen interviewt, so wie es ein echter Anthropologe tut.

Bei ihrer Untersuchung geht es Sarah Pink um zweierlei. Zum einen will sie herausfinden, ob Männer und Frauen auf die gleiche Weise über ihre Putzgewohnheiten sprechen, zum anderen will sie wissen, ob es beim Putzen kulturelle Unterschiede gibt. Zuallererst aber hält sie fest, dass eine Sache fast alle Teilnehmer dieser Untersuchung eint. Alle haben sie nämlich deutliche Vorstellungen davon, *wie* man putzen sollte, und distanzieren sich zugleich von diesen Normen. Sie wollen nicht den Eindruck vermitteln, dass sie sich sklavisch den Traditionen ihrer Eltern unterwerfen, sondern selbständig denkende und putzende Menschen sind. Genau wie ich. Ich habe die Putzkompetenz vollständig verinnerlicht (und knie nach wie vor am liebsten, wenn ich den Boden wische), die Prozedur hat sich in meine Gehirnzellen und Muskeln eingebrannt, gleichzeitig möchte ich das Gefühl haben, dass ich mich von den alten Gewohnheiten und Ritualen befreit habe. So ist das Leben in der individualisierten Gesellschaft, unabhängig davon, ob wir uns in Helsinki, Madrid oder London befinden: Wenn wir das Gefühl haben, nach eigenem Gusto zu verfahren, geht es uns am besten. Aber ich weiß auch, dass viele gar nicht nach eigenem Gusto verfahren können. Die Klassengesellschaft ist ein Faktum, und Putzen bedeutet für allzu viele Menschen Zwang und Plackerei.

•

Sarah Pink denkt viel darüber nach, warum sie auf dem Gebiet des Putzens forscht. Der Umschlag ihres Buches ist poppig und selbstironisch rosafarben, das gefällt mir. Als sie vor zehn Jahren mit ihrer Arbeit begann, hatte sie offenbar mit starkem Gegenwind zu kämpfen. Sie tritt in einem ziemlich forschen Ton dafür ein, dass das, was die Menschen zu Hause tun, auf wissenschaftlich seriöse Weise untersucht werden kann und sollte. Das war laut Pink im Jahr 2004 noch nicht so. Pink hält dagegen, dass ein Großteil unseres kulturell sinnhaften oder sinnerzeugenden Lebens innerhalb der eigenen vier Wände stattfindet. Ihr polemischer Standpunkt ist vollkommen angemessen. All das, was nach der Arbeitszeit passiert, wenn wir nach getaner Arbeit nach Hause zurückkommen, kann doch nicht sinnentleert sein? Natürlich tragen wir die kulturellen Normen mit nach Hause, in allerhöchstem Maße. Musste Sarah Pink denn erst in die Haushalte einziehen und darüber schreiben, wie Frauen und Männer über das Putzen denken, damit die Kulturanthropologie dieses Thema ernst nahm?

•

Ich bin nicht die richtige Person, um gegen die Kulturanthropologen ins Feld zu ziehen, ich möchte nur meine Sympathie dafür bekunden, dass eine Wissenschaftlerin wissen will, was passiert, wenn wir putzen und über das Putzen nachdenken.

•

Sarah Pink behauptet, dass die Hausarbeit nicht nur eine langweilige und sinnlose Wiederholung dessen ist, was wir schon letzte und vorletzte Woche getan haben, sondern eine kreative Tätigkeit. Monotone Verrichtungen wie Putzen, Harken oder das Sortieren von Legoklötzen können die unterschiedlichsten Gefühle hervorrufen – nicht nur Überdruss. Einige sind frustriert und wütend, wenn sie saubermachen, andere können abschalten, wenn sie räumen, rücken, putzen und polieren. Manche betrachten das Putzen als meditatives Umpolen vom professionellen Ich zum privaten Ich oder als eine mentale Reise von der Arbeitswoche ins Wochenende. Manche finden ganz einfach, dass Putzen Spaß macht. Sie arbeiten voller Eifer und Erwartung, weil sie wissen, dass sie reich belohnt werden. Denn man kann schließlich nicht falsch putzen. Hinterher ist es immer schöner als vor dem Putzeinsatz.

•

Putzen kann anregender sein als ein Tag bei der Arbeit, wo wir viel zu lange, viel zu starr vor den Bildschirmen sitzen. Während wir in den mechanischen Bewegungen des Putzens versinken, können die

Gedanken frei umherschweifen. Auch einem Genie kommen die glänzendsten Einfälle oft bei der banalsten Tätigkeit. In ihrem Kultbuch *Zeit. Wie man ein verlorenes Gut zurückgewinnt* von 1999 spricht Bodil Jönsson von »Rüstzeit« und meint damit den mentalen Zustand, in dem wir uns befinden, während wir es vermeiden, bevorstehende Aufgaben anzugehen. Immer, wenn wir besser am Computer sitzen sollten, um uns anspruchsvollen oder langweiligen Aufgaben zu widmen, werden wir von einem unwiderstehlichen Putzdrang erfasst. Wir müssen den Schreibtisch verlassen und nachsehen, ob unter dem Bett Staub liegt oder der Tiefkühlschrank vereist ist. Und wenn wir auf die Toilette gehen, führt das unweigerlich dazu, dass sich das Putzbedürfnis auch auf diesen Ort ausweitet. Es reicht nicht, den Schmutz zu erkennen, nein, er muss auch entfernt werden, auf der Stelle, nicht erst morgen. Genau jetzt, wo wir unser Gehirn eigentlich auf unsere Arbeit am Computer einstellen sollten, um uns auf eine Reise ins Innere unserer Köpfe zu begeben.

Das Wunderbare an der Rüstzeit, den spontanen Putzphasen, ist laut Jönsson, dass sie in Wirklichkeit äußerst sinnvoll sind, auch in beruflicher Hinsicht, und hier findet sich ein Zusammenhang zu den Gedanken Sarah Pinks: Indem wir mit unseren Körpern eine mechanische Arbeit ausführen, bringen wir die Denktätigkeit in Gang. Wir setzen unsere Konzentration auf Start, um nach einer Weile abzuheben. Auf dieser Startbahn, etwa während wir den Gefrierschrank abtauen, können die Gedanken frei umherwirbeln, in einer unkontrollierten Kreativität, die uns Energie gibt, sodass die Denkarbeit am Computer, das, was wir aufgeschoben haben, am Ende wie ein lustvolles Erwachsenenspiel erscheint.

•

Es ist wunderbar, wenn es renommierten Wissenschaftlern gelingt, uns davon zu überzeugen, dass das scheinbar Sinnlose und Alltägliche äußerst vernünftig und sogar kreativ sein kann.

•

Was passiert in unserem Körper, während wir durch unsere Wohnung, unser Haus oder unser Büro wirbeln, wo wir im Chaos zu versinken drohen? Laut Sarah Pink geht es nicht allein darum, dass die Muskelbewegungen unserer Körper den Rhythmus unserer unbewussten Gefühle aufnehmen. Alle Sinne sind wach, weil die Arbeit zu einem sauberen Ergebnis führen soll. Wir werden zu Jägern. Unser Blick wird geschärft, um Staub und Flecken zu erkennen. Wir hören und spüren, wie es unter unseren Händen und Füßen knirscht und klebt. Jetzt entscheiden wir schnell, welcher Putzmittel und Geräte es bedarf, um die Beute zu erlegen. Im Kühlschrank müffelt es, und der Käse schmeckt nach dem falschen Schimmel; der Geruch warnt uns vor Gesundheitsrisiken. Manchmal ist der ganze Körper gefordert, wenn er verschiedenen Paar Schuhen, unsortierten Zeitungsstapeln und Spielsachen ausweichen oder sie zur Seite räumen muss, ehe er den Schmutz wegwischen kann, der sich unter und hinter all den bunt gemischten Dingen versteckt. Die Sinne registrieren alles, von Ekel bis Genuss, während man sich bis ans Ziel vorarbeitet. Die Sinne sind das edelste Arbeitswerkzeug, sie führen voran, ständig voran.

•

In einer Anthologie aus dem Jahr 2010, dem *Tråkboken* (»Buch der Langeweile«), Untertitel: »Ein Buch über die Bejahung der alltäglichen Tristesse«, beschreiben zweiundzwanzig finnische Autoren Tätigkeiten, die sie für langweilig halten. Die Herausgeberinnen Susanna Sucksdorff und Tiia Strandén schreiben in ihrem Vorwort, dass sie sich Texte über Langweile gewünscht hatten, »und zwar der Art, dass einem angesichts von so viel Sinnlosigkeit und Gleichgültigkeit der Atem stockt [...]. Über all das, was gleichbedeutend ist mit Tristesse, Nutzlosigkeit, Wiederholung, die zu nichts führt, über das, was die Uhren stehen bleiben lässt, was man um alles in der Welt vermeiden will und keine Sekunde vermissen würde, wenn es von der Erdoberfläche verschwände.« Das ist eine gute Beschreibung von Langeweile. Allerdings tragen sieben der zweiundzwanzig Beiträge das Etikett »Häusliche Langeweile« und handeln vor allem vom Putzen, was Sarah Pinks und meinen Thesen darüber widerspricht, dass Putzen komplex, lustvoll und spannend sein kann.

Ich nehme mir das Buch vor, und nachdem ich die eng gefasste Definition von widriger Langeweile jetzt kenne, fürchte ich, dass diese sieben Texte die optimistischeren Putztheorien konterkarieren. Aber nach und nach kann ich aufatmen. Die Verfasser, Kulturschaffende wie ich (die Auswahl repräsentiert also nicht gerade einen Querschnitt der Gesellschaft), berichten, dass alles, vom Einräumen der Spülmaschine bis zum Baumfällen, zwar ein bisschen, aber nicht unbedingt katastrophal langweilig ist. Im Gegenteil: Tatsächlich sehen alle einen tieferen Sinn in dem, was sie ein ums andere Mal in ihrem privaten Revier tun. Sie schildern helle Momente tiefer Befriedigung. Sie fühlen sich *kompetent* in dem, was sie machen, trotz der Monotonie, die in der ständigen Wiederholung liegt.

•

Bisher habe ich mich noch gar nicht mit Sarah Pinks Hauptanliegen auseinandergesetzt, weil mich schon ihre Nebengedanken so sehr beglückt hatten. Vor allem aber will sie das Putzen aus einer Geschlechterperspektive betrachten. Sarah Pink hat in ihren vielen Interviews nämlich einen deutlichen Unterschied dabei ausmachen können, wie Männer und Frauen über das Putzen berichten. Die Antworten der Frauen sind eher realistisch und konkret, während Männer gerne spannende Geschichten darüber erzählen, wie sie putzen. Pink meint, sie würden sich der Erzählperspektive von Abenteurern bedienen; das Putzen wird oft als aufregender Kampf gegen etwas Fremdes und Gefährliches geschildert. Sie erzählen, wie es ihnen mithilfe von Vernunft und Technik gelinge, die Macht des Schmutzes zu besiegen. Viel häufiger als die Frauen verweisen die Männer auf verschiedene Putzmittel und Geräte, die sie selbst gefunden haben, um die Probleme zu lösen, vor die sie die Unordnung stellt. Auf diese Erzählhaltung stoße ich auch im *Buch der Langeweile*. Der Autor Michel Ekman schreibt darüber, wie er es sich beigebracht hat, die Spülmaschine einzuräumen. Er tut das vor dem Hintergrund seiner Kindheit und seiner Verwandlung vom Jungen zum jungen Mann und zum Familienvater und erzählt, wie dabei die Beziehung zu seiner Spülmaschine immer enger wurde. Dieses Gerät – ein Geschenk der Technik an die Familie – auf eine durchdachte Weise zu befüllen stellt für ihn eine außerordentliche Herausforderung dar. Er beschreibt seine verschiedenen, mitunter sehr unbrauchbaren Methoden, das Geschirr einzuräumen, und wie er im Lauf der Jahre schließlich die optimale Technik gefunden hat. Er vermittelt Kompetenz und Zufriedenheit: »So nutzen wir unsere Spülmaschine auf eine ziemlich effektive Weise. Die Regeln sind ja nicht schwer, und natürlich setzten sie auch voraus, dass man sie hin und wieder durch Phantasie und Improvisationstalent erweitert. Und dennoch hat sich herausgestellt, dass ich im Grunde der Einzige in unserer Familie bin, der diese Regeln beherrscht!« Der gesunde Verstand des Mannes wird mit der angemessenen Menge an Kreativität vereint, wenn die Spülmaschine so bezwungen wird, dass sie die maximale Menge an Geschirr oder besonders sperrige Einzelteile aufnimmt. Mit dieser gewinnenden Kombination wird er zum heldenhaften Leitwolf des Rudels. Das Ausrufezeichen sagt alles.

Ich muss daran denken, wie mein Vater und seine Brüder von der Jagd erzählten. Es waren schöne Geschichten von Schwierigkeiten, die bewältigt werden mussten, von Elchen, die müden Hunden und schlampig eingestellten Visieren zum Trotz erlegt wurden, oder von großen Fischen, die in letzter Sekunde aus dem trüben Wasser gezogen wurden, ehe sie durch den kaputten Kescher hindurchschlüpfen konnten.

•

Die Abenteuerlust als Erzählhaltung ist unerschöpflich, sie reicht von James Bond bis Karl-Ove Knausgård. Seine Schilderung in *Sterben,* wie er hinter seinem vom Suff dahingerafften Vater ausmistet, ist auch eine Abenteuergeschichte. Zwei Brüder arbeiten sich durch ein Haus, das an eine Müllkippe erinnert. Eine harte Arbeit, aber die beiden Brüder gewinnen den Kampf gegen den Schmutz. Eine monumentale Schilderung des Putzens – und dabei spannend wie ein Krimi. Aus dem Chaos ersteht durch eine geschickte Mischung aus Systematik und Kreativität eine neue und verjüngte Welt. Schlaues Putzen und innovative Detektivarbeit machen die Welt zu einem besseren Ort, jedenfalls vorübergehend. Ich möchte noch mehr Bücher über das Putzen lesen.

Tag XIII

Ich suche die Grenze zwischen Schmutz und Ordnung Verschiedene Zeiten, Weltbilder und Menschen definieren auf unterschiedliche Weise, was schmutzig und was sauber ist. Mein größtes Problem besteht derzeit darin, mit der Unmenge an Sachen in unserem Haushalt zurechtzukommen.

Die Lage ist noch nicht so alarmierend, als dass ich einen professionellen Entrümpler rufen müsste, damit er Keller, Abstell- oder Speisekammer und Dachboden freiräumt, aber bald werden private archäologische Grabungen notwendig sein. Ich weiß, dass ich mich von den geerbten Sachen und Möbeln nicht trennen kann. Mit anderen Dingen dürfte es leichter sein, aber auch Ausmisten *light* kommt mir unangenehm vor.

•

Der Philosoph Timo Airaksinen hat ein umfassendes Buch über alle erdenklichen Kategorien von Schmutz geschrieben. (Philosophen interessieren sich bedeutend mehr für Schmutz als für das Putzen. In der Sekundärliteratur findet man vor allem Untersuchungen zu Themen wie »Schmutz«, »Müll«, »Verfall« und »Abfall«.)

Airaksinen hat überraschend viele Kategorien von Schmutz gefunden, aus ihm hätte sicher auch ein ausgezeichneter Biologe mit einer sehr exklusiven Schmetterlingssammlung werden können. Außerdem ist er gut darin, Bezeichnungen für all seine Schmutzkategorien zu finden. Eine davon passt zu meinem Problem. Bei Airaksinen heißt diese Kategorie »Gerümpel«. Solche Dinge haben eine fast schon magische Dimension. Gerümpel hat sich noch nicht in Müll verwandelt, sondern umfasst all die Gegenstände, von denen sich Menschen ungern trennen, auch wenn sie nahezu wertlos sind. Wenn wir einen dieser Gegenstände vor uns sehen, wiederholen wir gern unser Mantra und murmeln:

Das kann ich irgendwann noch einmal gebrauchen.
Das ist noch viel zu gut erhalten, um es wegzuwerfen.
Das werde ich mir für einen anderen Tag aufheben.

Wir lieben unsere viel zu vielen Gegenstände, uns ist nicht zu helfen. Aber es ist auch verständlich, denn es sind Erinnerungen, die wir anfassen und riechen können. Gegenstände haben mehr Gewicht als die flüchtigen Bilder, die launenhaft in unseren Köpfen auftauchen. Mit dem, was sich in deinem Vorrat befindet, solltest du daher auch nicht leichtfertig umgehen, meint Airaksinen. Die fassbaren Erinnerungen führen nämlich auch zu der naiven Vorstellung, dass sich eine Möglichkeit bieten wird, genau diesen Gegenstand zu verwenden. Das Gerümpel birgt den Keim, aus dem ein neues Leben erwachsen kann. Wie sollten wir da darauf verzichten, es zu hegen und zu bewahren? Ein ausgedienter Gegenstand kann der Kitt sein, der das Vergangene mit einem in die Zukunft gerichteten Traum verbindet.

•

Ich habe mitunter behauptet, ich würde in einem Museum leben, besonders, wenn ich von meinem anderen Häuschen, dem Häuschen in Porvoo sprach, einer kleinen, falunroten Hütte aus dem 18. Jahrhundert. Einige Jahre bevor ich sie übernahm, wurde sie zu einem originellen Wohnhaus umgebaut, und heute ist sie größtenteils mit Sachen von jener Schäreninsel eingerichtet, von der die Familie meiner Mutter stammt. Vor einigen Jahren wurde dort eine Hütte entrümpelt, und ich habe die meisten Möbel, das bunt durcheinandergewürfelte Geschirr und die abgenutzten Küchengeräte übernommen.

Jetzt, nachdem ich Airaksinens Buch gelesen habe, sehe ich ein, dass Museum die falsche Bezeichnung für mein Häuschen in Porvoo und die große Kommode mit dem Erbgut meiner Tante in Helsinki ist. Airaksinen würde mich streng korrigieren und sagen, dass ich in einem *Archiv* lebe. Museen zeigen ihre Schätze vor, man kann sie ständig besichtigen, schreibt Airaksinen, wohingegen ein Archiv seine Schätze geheimnistuerisch verbirgt. Aus dem Archiv kann man, wann immer man das Bedürfnis hat, einzelne Schätze hervorholen, den Rest der Zeit aber sind sie sich selbst überlassen, sind sie nicht den sentimentalen Blicken und vorsichtigen Berührungen des Besitzers ausgesetzt.

Ich seufze; ich habe ja kaum einen Überblick darüber, was sich in meinen Archiven befindet. Aber der Gedanke reizt mich. Ich weiß, dass ich bei mir zu Hause Entdeckungen machen kann. Ich brauche nicht bis nach Vietnam zu reisen, um Abenteuer zu erleben, ich öffne einfach eine Schublade und begebe mich auf eine Zeitreise, zu einer Schäreninsel, deren Bewohner ich nicht kenne, weil die meisten von ihnen starben, lange bevor ich geboren wurde.

•

Das war eine Übertreibung: Natürlich reise ich auch gern in der Welt außerhalb meines Zuhauses. Aber manchmal sind Reisen in den eigenen Gemächern auch spannend, wie schon Xavier de Maistre in seinen charmanten Büchern *Die Reise um mein Zimmer* (1794) und *Die nächtliche Reise um mein Zimmer* (1825) schrieb.

•

In früheren Epochen fielen die Begegnungen mit Schmutz weitaus dramatischer aus als meine Begegnung mit meinem Gerümpel anno 2012. Das heutige Gerümpel ist nicht ökologisch, aber selten lebensbedrohlich. Es birgt keine verhängnisvollen Ansteckungsherde, die zu Epidemien führen können. Der Wohlfahrtsstaat ist noch nicht alt, aber wir haben bereits vergessen, dankbar für alle Institutionen zu sein, die uns gezeigt haben, wie man Infektionsherde meidet. Viele von uns haben auch vergessen, wie sehr wir uns fürchteten, als die Aids-Epidemie ausbrach und niemand genau wusste, wie die Krankheit übertragen wurde oder wie man sie heilen konnte.

Die Fernsehserie »Trockne Tränen niemals ohne Handschuhe« *(Torka aldrig tårar utan handskar),* die auf der gleichnamigen Romantrilogie des schwedischen Schriftstellers Jonas Gardell basiert, hat mich in die Achtzigerjahre zurückversetzt, als die gefürchtete Aids-Epidemie überraschend Schweden und andere Wohlfahrtsstaaten erreichte. Damals war die Krankheit unerklärlich und unheilbar, eine furchteinflößende Pest. Sicherheitshalber verbrannte man die Leichen derer, die an Aids gestorben waren. Besonders eine Szene hat sich in mein Bewusstsein gebrannt, sie taucht unvermittelt immer wieder auf. Es geht um den Weg des Verstorbenen vom Krankenhausbett zum Krematorium, ein Weg der Erniedrigung. Der tote Körper wird von Personal in Schutzkleidung sorgfältig in schwarze Plastiksäcke gehüllt. Dann wird das schwarze Leichenpaket mit Klebeband umwickelt, ein ums andere Mal, und außen mit gelbschwarzen Warnhinweisen mit der Aufschrift GEFÄHRLICHE ABFÄLLE versehen. In dem Sack liegt der Körper eines Menschen, der geliebt hat und geliebt wurde, so wie alle Menschen.

•

Kein Mensch sollte zu gefährlichem Abfall erklärt werden.

•

Der schwarze Müllsack mit den beiden Worten auf einem gelben Etikett.

•

In manchen Säcken ruhen unermessliche Schätze, andere müssen verbrannt werden.

Tag XIV

Ich erforsche Bazillenangst Die Natur, Lebensraum und Energiequelle des Menschen, ist oft dämonisiert worden, weil sie unvorhersehbare Gefahren birgt. Mitunter wurde sie idyllisiert. Das richtige Verhältnis zu ihr zu finden fällt nicht leicht.

•

Im Jahr 1899 wurde der Martha-Verband gegründet, eine Art Bildungswerk und das Rückgrat der Hygiene- und Bürgererziehung finnischer Frauen. Heute gehören die »Marthas« zu den größten Frauenverbänden Finnlands, beschäftigen sich mit Fragen der Ernährung, Umwelt, Finanzen und Psychologie und bieten Unterstützung in diesen Belangen.

Ende des 19. Jahrhunderts hielt man Frauen offenbar für natürliche, eher zivilisationsferne Wesen. Durch systematische Erziehung sollten die Frauen allmählich in die »geordnete Gesellschaft« eingeführt werden. Aber die Enthusiastinnen der Martha-Bewegung sowie deren männliche Förderer stellten sich auch eine zweistufige Entwicklung vor: Indem man die unzivilisierten Frauen erzog, würde man durch sie auch die Kinder zivilisieren. So baut man eine Gesellschaft auf.

•

Die frühe Martha-Bewegung gründete nicht nur auf dem Gegensatz zwischen Zivilisation und Natürlichkeit, sondern auch zwischen Ober- und Unterschicht. Die obere Schicht in den Städten reagierte auf die primitiven Verhältnisse und die ihrer Ansicht nach unhygienischen Zustände auf den Dörfern mit Abscheu. Gegen den Schmutz dort musste etwas unternommen werden – und die Konsequenzen waren weitreichend. Fortan sollte die Bevölkerung auf dem Land die Wertvorstellungen der urbanen Oberschicht übernehmen. Aber die Landbevölkerung bewahrte sich den Respekt vor sich selbst in vielerlei Hinsicht und schlug auch zurück: Es entstanden zahlreiche Theaterstücke und Filme, in denen die Oberklasse parodiert wird. Pfarrer und Stadtbewohner zu Besuch auf dem Dorf heben die Teetasse mit allzu gespreizten Fingern, reden affektiert und halten sich die Nase zu, wenn sie auf den Stall zugehen. Das Volk dagegen schuftet, fleißig und redlich.

Humor und Satire sind die Waffen der Unterlegenen. Aber auch die Satire des Schwachen kann in Stereotypen erstarren, wenn sie von populistischen Politikern dazu genutzt wird, die Komplexität einer Gesellschaft zu banalisieren. Aus den albernen Stadtbewohnern sind heute die verhassten Machthaber in Helsinki und Brüssel geworden, die das Volk unterdrücken wollen. Auch Humor hat ein Verfallsdatum.

•

Die von den Frauen geleistete Hausarbeit wurde in den Dreißigerjahren oft mit der Arbeit außer Haus gleichgesetzt, sie sei genau so anspruchsvoll, genau so anstrengend. Ob man mit dieser Haltung das Selbstwertgefühl der Frauen steigern oder aber sie einfach zurück an den Herd schicken wollte, um in einer Zeit großer Arbeitslosigkeit die Arbeitsplätze für die Männer frei zu machen, das müssen die Historiker klären. Jeder nach seiner Fähigkeit, lautete die Parole. »Ein innigeres, froheres und freieres Familienleben, eine gesunde persönliche Entwicklung und die Wahrnehmung von Bürgerpflichten« – das waren die gemeinsamen Ziele, die der Landesverband der Schwedischen Hausfrauenvereinigungen im Jahr 1939 verkündete.

•

Freude, Pflichterfüllung und staatsbürgerliche Verantwortung sollten im Einklang miteinander stehen. Gibt es heute noch Verbände oder Volksbewegungen, die so etwas verfechten, und wenn ja, wie viele Mitglieder haben sie?

•

Im Jahr 1939 brach der Zweite Weltkrieg aus, und das (Haus-)Frauenleben erfuhr einen radikalen Bruch. In Zeiten des Krieges zu überleben und mit der Lebensmittelknappheit zurechtzukommen stellte die Menschen vor dringlichere Probleme.

•

Einige Jahre nach dem Krieg begann die Veredlung der Hausfrau, sie wurde beinahe zu einer Art Haushaltsroboter. Synthetische Materialien eroberten die Märkte und Haushalte.

Ich habe mir Werbung aus den Fünfziger- und Sechzigerjahren angesehen. Sie lief damals in den Wochenschauen im Kino, später auch im Fernsehen. Das Leben schien jetzt leicht zu sein. Die Wäsche wurde mit dem neuen synthetischen (seit wann ist dieses Wort eigentlich so negativ besetzt?) Waschmittel gewaschen. Zu sehen war ein wissenschaftliches Labor, in dem ein Professor stand (in Wirklichkeit ein verkleideter Schauspieler, der einige Jahre zuvor den passionierten, aber einfältigen Ehemann in dem großen finnischen Melodram *Juha* gespielt hatte). Und wenn die Wäsche erledigt war, versammelte sich die ganze Familie, um es sich miteinander schön zu machen, alle waren *so* froh darüber, dass Mutters Leben *so* viel einfacher geworden war, seit sie angefangen hatte, das synthetische Waschpulver der neuen Zeit zu benutzen.

•

Eine Zwischenbemerkung: Die umherreisenden Vertreter der Martha-Bewegung sind mir sympathischer als die scheinheiligen Werbefilme im Fernsehen.

•

In einer der seltenen wissenschaftlichen Arbeiten, die sich mit Putznormen aus historischer Sicht befasst, vertritt Britta Lövgren die These, dass die politische Diskussion über die Arbeit der Frauen schon in den Dreißiger- und Vierzigerjahren vom Fortschrittsglauben geprägt war, einem Glauben, der sich letztlich gegen die Frauen der Nachkriegszeit richtete.

Technische Errungenschaften wie Staubsauger und Kühlschränke und neue, rationelle Methoden zur systematischen Planung der Hausarbeit (Einkaufslisten, Wochenpläne und Haushaltsbücher – die Frau arbeitet!) führten nur dazu, dass die Anforderungen an die Hausfrauen stiegen. Es gab keine Zeitersparnis.

Während ich das schreibe, im Herbst 2012, findet eine Debatte darüber statt, wie lange Mütter nach der Geburt des Kindes zu Hause bleiben und Erziehungsgeld in Anspruch nehmen »dürfen« sollten. Wäre es nicht besser, wenn sie so früh wie möglich in den Beruf zurückkehrten? Sind drei Jahre nicht eine unangemessen lange Zeit, fragen sich der Staatsminister und die Lobbyverbände der Wirtschaft. Die Geschichte wiederholt sich: Veränderungen auf dem Arbeitsmarkt führen anscheinend immer zu dem Versuch, den Frauen den flexiblen Part zu überantworten. Mal ist es gut, wenn sie zu Hause bleiben, damit sie den Männern nicht die Arbeitsplätze wegnehmen. Mal werden sie dazu verführt oder gezwungen, arbeiten zu gehen, weil gerade ein Mangel an Arbeitskräften herrscht. Man muss einen kühlen Kopf bewahren, um zu analysieren, wer hier wessen Bedürfnisse definiert und welche Konsequenzen das für die Frauen hat. Immer mehr Frauen sind von Erschöpfungssymptomen bedroht, weil die Anforderungen an sie, was sie alles können und schaffen sollen, ständig in verschiedene Richtungen verbogen werden. Wir brauchen keine weiteren Modelle für ein wunderbares Leben, erst recht nicht wenn sie aus politischem Kalkül konstruiert sind.

•

Ein Unwesen, von dem wir glaubten, wir hätten es schon vor einigen Jahrzehnten ausgerottet, ist wieder in unser »sauberes« Leben zurückgekehrt. Wir reisen viel und tragen lästiges Gepäck mit uns herum.

Letzten Sommer wurde ich von Bettwanzen befallen, und zur gleichen Zeit eine Freundin von mir. Ich war im russischen Teil von Karelien auf Reisen und bei Familien zu Gast, die sich rührend um mich kümmerten (die Piroggen, egal ob salzig oder süß, zergingen auf der Zunge …). Aber als ich nach Hause zurückkehrte, hatte ich einen roten, juckenden Ausschlag am Körper, dessen Pusteln allmählich zu kleinen Kratern wurden, und sie verschwanden weder mit Kortisoncreme noch mit Salben gegen Pilzbefall. Meine Freundin dagegen war im etwas mondäneren Genf unterwegs gewesen. Sie half mir aus meinem Dilemma, als sie das Wort Bettwanze aussprach. Sie selbst hatte das Ungeziefer springlebendig in ihrem Hotelbett erwischt, und mir wurde klar, dass wir dasselbe Leid teilten. Es macht also keinen Unterschied, ob man in Russland oder in der Schweiz umherreist, Bettwanzen können uns überall attackieren.

Einige Wochen darauf las ich in der Zeitung, dass die beißwütigen Tierchen nun auch in Finnland heimisch sind. Was wir für ebenso ausgestorben hielten wie die Pocken, ist also wieder da, und diesmal bedarf es mehr als der Hausmittelchen einer versierten Hausfrau, um sie wieder loszuwerden. Heute kommt, ebenso wie in den Dreißigerjahren, die Firma Anticimex und versprüht ein Gift, von dem wir nicht wissen, ob es über längere Zeit wirksam ist. Die kleinen Wesen haben ja ein phänomenales Überlebenstalent, genau wie die Kopfläuse, die nach der Jahrtausendwende wieder in den Schulen Einkehr hielten.

Ich erinnere mich an einen Schiffsausflug mit der Klasse meines Sohnes, auf dem sich die Mütter in gedämpftem Ton darüber unterhielten, dass es unter den Kindern Kopfläuse gebe. Damals, während der ersten Welle der postmodernen Laus, waren die kleinen Viecher noch immer ein peinliches Symbol für eine mangelhafte häusliche Hygiene. Aber ich nahm allen Mut zusammen und erzählte mit möglichst sachlicher Stimme, dass meine Familie betroffen war.

Damals war die Läusebekämpfung einfach, denn achtjährige Jungen haben kurzes Haar, das sich leicht durchkämmen lässt. Als unsere sechsjährige Tochter dann in ihrem dicken blonden Haar im selben Sommer ebenfalls Läuse hatte, erforderte es bedeutend mehr Geduld, sie wieder loszuwerden. Erschwerend kam hinzu, dass sie in diesem Sommer auch ein logopädisches Training absolvieren musste. Sie konnte beispielsweise kein R aussprechen, was fatal ist, wenn die Eltern einem einen seltenen Namen gegeben haben, der ausgerechnet mit R anfängt. Meine Güte, was haben wir in diesem Sommer gekämpft, und meine Güte, was hat sie geweint und war wütend wegen dieser langen und teilweise auch schmerzhaften abendlichen Prozedur. Und zu allem Überfluss bekam sie in diesem Sommer auch noch Keuchhusten und, durch den Befall von Chlamydophila pneumoniae, eine Lungenentzündung. Die Ärzte fanden die Ursache erst nach mehreren Wochen, zuvor hatten wir viele Nächte mit unserer qualvoll hustenden, in Decken eingehüllten Tochter auf dem Hof verbracht, weil wir hofften, dass die kühle Luft die Symptome lindern würden.

In jenem Sommer träumte ich manchmal insgeheim von einer Zeitreise in die Sechzigerjahre, als alles mit DDT behandelt wurde. Meine Cousine, die dreizehn Jahre älter ist als ich, hat erzählt, dass das DDT-Pulver früher über alle Häupter der Klasse gestäubt wurde, damit die Kopfläuse verschwanden. Diese so einfache wie effektive Kur hätte ich in diesem Sommer auch meiner Tochter und mir gewünscht. Aber weniger giftig, natürlich.

Inzwischen ist der Kampf gegen die Kopfläuse wieder ein Teil des Winterrituals. Jeden kann es treffen. Bettwanzen und Kopfläuse lesen keine Gehaltsabrechnungen, sie sind unvoreingenommen und demokratisch.

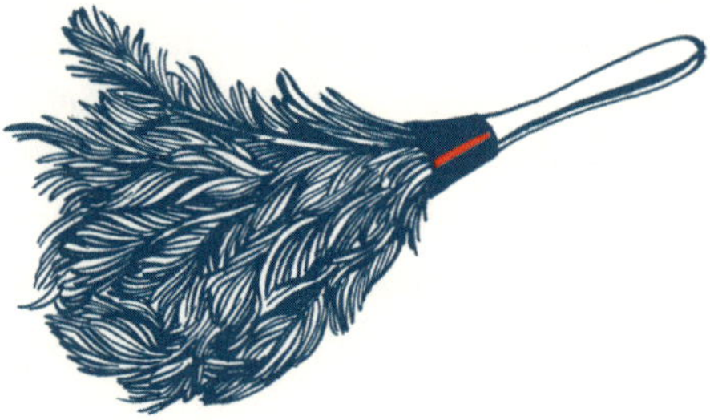

Tag XV

Ich putze, aber nicht wie verrückt Staub faszinierte mich schon immer, seine wandelbare Gestalt, seine Farbvielfalt und Beschaffenheit. Wir wohnen im Zentrum von Helsinki, wo sich der Staub mit Ruß und undefinierbaren Luftpartikeln zu einer klebrigen Substanz verbindet. Manchmal treibt er mich fast in den Wahnsinn, vor allem im Badezimmer und auf der Toilette. In unserem Haus in Hanko ist der Staub nicht so hartnäckig, weshalb er sich auch leicht mit einem Staubwedel einfangen lässt. Ein Grund, für immer dort hinzuziehen.

•

Staub ist nicht gleich Staub. Und laut Sarah Pink wird Staub auch nicht überall als Staub betrachtet. Es gibt kulturelle Unterschiede. Für die Spanier ist Staub etwas, das von außen kommt, und deshalb aus dem Haus vertrieben werden muss. In England geht man davon aus, dass die Menschen den Staub produzieren: Dass er von der Haut, der Kleidung, von den Gegenständen im Haus, und natürlich auch von den Haustieren kommt, falls es welche gibt. Und weil der Staub im eigenen Lebensraum des Menschen entsteht, ist er nicht besonders schmutzig, muss also nicht ständig kontrolliert und weggewischt werden. Alles befindet sich gewissermaßen im stetigen Verfall, und den Staub zu bekämpfen erscheint sinnlos. Laut Pink glauben die

Engländer, dass etwa neunzig Prozent allen Staubs vom Menschen selbst stammt; das lernen sie bereits in der Schule.

Dass die Engländer Plüsch mögen und die Spanier glatte Oberflächen vorziehen, könnte mit diesen unterschiedlichen Vorstellungen über den Ursprung des Staubs zusammenhängen.

•

Bei uns zu Hause stammt der Staub zur Hälfte von uns (woher die andere Hälfte kommt, weiß ich nicht). Wir haben schrecklich viele Bücher, Tausende, und auf ihnen liegen natürlich große Mengen grauen Staubs, die sich jedes Mal, wenn wir ein Buch aus dem Regal ziehen, langsam erheben. Aber ich gebe lieber den Autos und den Kohlekraftwerken die Schuld, wenn mich einmal ein Anfall von Staubwischenmüssen packt. Der Staub ist so furchtbar hartnäckig und hässlich. Ich will ihn loswerden. Er hat in unserer Wohnung nichts zu suchen.

•

In einem Punkt sind sich die Spanier und Engländer, was den Staub betrifft, jedoch einig: Die Grenze, die zwischen dem sichtbaren und unsichtbaren Staub gezogen wird, ist ein Maßstab für Normalität. Wer sie überschreitet und Staub wischt, den man mit dem bloßen Auge nicht sehen kann, ist dem Putzwahn verfallen. Wer einen Putzfimmel hat, lebt nicht im Einklang mit sich und seiner Umgebung. Staub existiert dann nur in deinem Kopf, nicht auf dem Sofatisch, nicht unter dem Bett, nicht über der Abzugshaube. Er existiert nur in dir selbst, als Unbehagen oder Angst.

Die Wissenschaft hat schon lange Erklärungen für den vermeintlichen Wahn der Frauen gefunden. Ende des 19. Jahrhunderts wurden Frauen, die von sogenannten hysterischen Anfällen geplagt wurden, in französischen Kliniken einem Publikum vorgeführt. Knapp hundert Jahre danach war das Zuhause zur Bühne geworden, wo ein jedes Familienmitglied oder ein jeder Gast selbst entscheiden konnte, ob die Hausfrau verrückt geworden war. Der Staub und das Verhältnis der Frauen zu ihm waren ein heimtückischer, aber effektiver Gradmesser für Normalität.

Zu viel Staub signalisiert Schlampigkeit, zu wenig Staub flüstert: Irrsinn.

•

Die Angst, nicht ausreichend geputzt zu haben, gehört zu den Neurosen des 20. Jahrhunderts, das unterstreichen auch die Wissenschaftlerinnen Elizabeth Pisani und Rosie Cox, die im Jahr 2011 beratend an der Londoner Ausstellung *The Filthy Reality of Life* beteiligt waren, in der es um das Thema Schmutz ging. Der ritualisierte Wochen- und Jahreszeitenputz war eine ziemlich effektive Methode, den heimischen Schmutz zu bekämpfen. Doch nach dem Zweiten Weltkrieg entwickelten schlaue Firmen Methoden, um die Hausfrauenkompetenz zu unterwandern und Geld damit zu verdienen. Denn es gibt ja auch unsichtbaren Schmutz, den das Auge nicht registriert, dem man aber dennoch zu Leibe rücken musste. Bakterien! Sie im Zaum zu halten, setzt einen anderen, nie enden wollenden Reinigungsprozess voraus. Putzen! Bakterien kann man nicht sehen, aber sie stellen eine potenzielle Lebensgefahr für meine Kinder dar. Putzen! Die Angst geht um. Wenn ich die Bakterien nicht sehe, kann ich doch auch nicht sehen, ob ich ausreichend geputzt habe!

•

Die antibakterielle Eigenschaft von Reinigungsmitteln wird immer wieder hervorgehoben, wenn ein neues Produkt auf den Markt kommt. Inzwischen warnt man uns Verbraucher aber auch davor, die antibakteriellen Mittel zu häufig zu verwenden, weil das zu einer Vermehrung von resistenten Keimen führt. Ein bisschen Schmutz ist ganz einfach gesund. Im Jahr 2012 wählte der finnische Naturschutzbund einen Seifenautomaten mit einem antibakteriellen Mittel zum überflüssigsten Produkt des Jahres. Ich hatte eine Fernsehwerbung für diesen Seifenspender gesehen, ohne den Widersinn darin zu erkennen. Im Gegensatz zu meiner Tochter, die öfter Werbung sieht und sie zu analysieren weiß.

Und so funktioniert das Produkt: Man stellt eine Flasche mit antibakterieller Seife in einen batteriebetriebenen Behälter, der, von einer Lichtschranke gesteuert, eine Pumpe aktiviert und einen Klecks der Seife auf die Hände tropfen lässt, ehe man den gewohnten Seifenspender in Betrieb nimmt. Die herkömmliche Seifenflasche sei, so die Reklame, dermaßen schmutzig, dass man seine Hände einer antibakteriellen Behandlung unterziehen müsse, ehe man sie berühre. Meine Tochter aber bemerkte klug: Wo liegt der Sinn darin, ein solches Mittel auf die Hände zu sprühen, wenn man sie sowieso direkt im Anschluss wäscht – und dabei den bakteriell verseuchten Wasserhahn anfassen muss?

•

Rosie Cox hat Fernsehwerbung für Reinigungsprodukte in den USA untersucht und festgestellt, dass sie sich unterschied, je nachdem, ob sie sich an Männer oder Frauen richtete. Männer kamen ins Bild, wenn Geräte und Reinigungsmittel beworben wurden, mit denen das Putzen angeblich schneller und leichter von der Hand gehen sollte. Ging es um den subtilen, unsichtbaren Schmutz, wurden die entsprechenden Produkte von Frauen beworben. Effektivität und Geschwindigkeit wurden neurotischer Ängstlichkeit gegenübergestellt.

Die Zeiten haben sich, glücklicherweise, geändert. Neulich sah ich eine Werbung für ein finnisches Produkt zur Reinigung von Sauna und Dusche. Die ganze Familie putzte fröhlich zusammen, selbst das Kleinkind hielt eine passende Bürste in der Hand. Es hat Vorteile, dass es noch Produkte gibt, die im eigenen Land hergestellt werden; so kann man gleichzeitig gesellschaftliche (Familien-)Werte vermitteln.

•

In Singapur wurde Mitte der Sechzigerjahre eine neue Vision über die Zukunft des Landes entwickelt. Es sollte sich selbst vom postkolonialen Abstellgleis ziehen und zu einem wohlangesehenen, modernen Staat werden. Und das sollte unter anderem durch staatlich verordnetes Putzen geschehen. Reinheit war ein Symbol für Modernität.

Ich habe vage Erinnerungen an das Ausmaß dieser Putzideologie, weil wir in meiner Kindheit einmal Sommergäste aus Singapur hatten. Es waren entfernte Verwandte, die vorübergehend dorthin versetzt worden waren. Sie besuchten uns in unserem Ferienhaus, und ich, die ich damals noch recht klein war, bekam die Geschichte zu hören, wie die kleine Tochter der Besucher in Tränen ausgebrochen war, nachdem sie gesehen hatte, wie jemand in Helsinki ein Papier auf die Straße hatte fallen lassen. Bei ihnen zu Hause in Singapur war das verboten und Zuwiderhandlung wurde mit einem hohen Bußgeld belegt. Auf die Straße zu spucken war ebenfalls per Gesetz verboten.

Die Geschichte beeindruckte mich, denn damals nahm ich es nicht so genau damit, wo meine zusammengeknüllten Bonbonpapiere landeten. Erst als Erwachsene verstand ich, dass das kleine Mädchen Opfer eines politischen und neurotischen Sauberkeitssystems geworden war, ein gedrillter Mensch, der sich und andere immerzu überwachte.

Während der Sechzigerjahre des letzten Jahrhunderts entwickelte Singapur seine Sauberkeitspolitik systematisch weiter. Im Jahr 1964 wurde ein Gesetz verabschiedet, das Kühe und verwilderte Hunde auf den Straßen verbot, und 1968 erklärte Premierminister Lee Kuan Yew dem Schmutz auf den Straßen den Krieg. Sein Land sollte das reinste und grünste von ganz Südostasien werden. Das Volk wurde dazu ermahnt, nicht nur seinen eigenen Vorgarten im Auge zu behalten, sondern auch »nachzusehen«, ob es bei den Nachbarn genauso hübsch und ordentlich war. Singapur sei ein Heim für alle, ein großer Garten für alle, predigte er. Es mag effektiv sein, den Nachbarn auszuspionieren und Bericht über dessen Methode des Mülltrennens zu geben, aber das Misstrauen unter den Mitmenschen wird so heftig genährt. Als Raimo Ilaskivi, der Oberbürgermeister von Helsinki in den Neunzigerjahren, die Bewohner der Stadt zu mehr Wachsamkeit ermahnen wollte, um Sprayer dingfest zu machen, biss er auf Granit. Die Bürger der Landeshauptstadt wollten sich nicht gegenseitig überwachen.

•

Aber genug der Kritik, mit dem großangelegten Hygieneprogramm ging auch eine gewisse Verbesserung der Lebensqualität einher. Der Seifenverbrauch im heutigen Singapur sei mittlerweile doppelt so hoch wie im nördlichen Nachbarland Malaysia und viermal höher als im südlich gelegenen Indonesien, berichtet Pisani. Die Kindersterblichkeit sei so niedrig wie in keinem anderen Land, nicht halb so hoch wie in den USA und in England. Aber die sauber glänzende Medaille hat eine Kehrseite, die auch wohlgeputzte westliche Staaten ernst nehmen müssen: Die Kinder in Singapur leiden beunruhigend oft unter Asthma und Allergien. Obendrein ist die Zahl der Jugendlichen, die an Depressionen leiden, erschreckend hoch. Ich begegne dem Phänomen in meinem Heimatland wieder. Ein Muster zeichnet sich ab: In einem sauberen Land scheint sich der Dreck ins Innere der Individuen zu fressen, wo neue Probleme und Krankheitsbilder aufkeimen.

Singapur und Finnland sind sich in ihrem Ehrgeiz, so schnell wie möglich zu modernen und angesehenen Nationen zu werden, ganz ähnlich. Wobei Finnland in den letzten Jahren den Höhepunkt seines Modernitätsstrebens erreicht zu haben scheint. Schmutz liegt nämlich wieder im Trend. In Helsinki haben im Umkreis von einem Kilometer innerhalb kurzer Zeit zwei Naturkostläden aufgemacht. Der Protest gegen behandeltes Essen, zu viel Sterilität und polierte Oberflächen wächst. Karotten und Kartoffeln dürfen erdig sein, die Milch soll am besten weder homogenisiert noch pasteurisiert sein. Dabei nehmen die Kunden bewusst Bakterien in Kauf. Gleichzeitig scheint der neue Trend zur Natürlichkeit auch ein Klassenmerkmal zu sein. Die beiden Bioläden liegen in Stadtvierteln, deren Bewohner es sich leisten können, Schmutz zu kaufen, denn Schmutz ist teuer.

•

Ich kann es mir nicht leisten, naturbewusst und schmutzig zu sein, brummle ich vor mich hin, während ich im normalen Supermarkt nach Biokarotten suche. Jeder trotzt auf seine Weise dem Alltag. Die Grenze zwischen Schmutz und Sauberkeit ist fließend, sie verschiebt sich ständig, und die Preise passen sich den Trends an.

•

Ja, ich weiß schon: Erdige Karotten schmecken besser als die gewaschenen, in Plastik verpackten.

Tag XVI

Ich beginne, über Sklaven nachzudenken Inzwischen habe ich 24 084 Minuten vor dem Computer gesessen und über das Putzen nachgedacht, anstatt selbst zu putzen. Ich schiebe es auf meine anstehende Operation, streife zwischen der Bibliothek und meinen Lieblingscafés hin und her. Ich warte, halte den Atem an, atme wieder auf, reinige mein Inneres, ziehe erneut weiter, sitze wieder im Café. Ich kann es mir leisten, das zu tun, ich kann es mir leisten, krank zu sein, denn ich gehöre zur Mittelschicht. Und ich schreibe.

•

Beim Thema Putzen zeigt sich der Unterschied zwischen Arm und Reich. Die einen haben so viel Geld, dass sie sich Haushaltsdienste kaufen und sie von der Steuer absetzen können, die anderen putzen selbst, weil sie sich das nicht leisten können. Offiziell heißt es, dass die steuerlich begünstigten Dienstleistungen im Haushalt die Schwarzarbeit mindern und das Lohnniveau steigern würden. Fakt ist, dass diese Steuerpolitik vor allem die Reichen begünstigt. Sie sparen Zeit und Steuern.

•

In ihrem Buch *Die osynliga. Om Europas fattiga arbetarklass* (»Die Unsichtbaren. Über Europas arme Arbeiterklasse«) beschreibt Rebecka Bohlin, wie das Leben der angestellten Putzkräfte aussieht. Das Buch ist schmal, aber reich an Geschichten und Fakten über jene Menschen, die dem »legalen« Arbeitsmarkt heute am schutzlosesten ausgeliefert sind. Europa ist auf dem Weg, eine Dienstleistungsgesellschaft zu werden, die Industrie ist in Länder mit niedrigeren Löhnen abgezogen, und es entstehen neue Gesellschaftsstrukturen, in denen wieder eine andere Berufsgruppe ganz unten steht und für harte Arbeit miserabel entlohnt wird.

Rebecka Bohlin schreibt:

»Damit eine Putzkraft in einem großen Reinigungsunternehmen von ihrem Lohn leben kann, muss sie eineinhalb Stellen annehmen. Und damit die Raumpfleger uns, die besseren Angestellten, in unseren Büros nicht stören, müssen sie frühmorgens putzen oder abends, wenn wir Feierabend haben. Zwischen den beiden Schichten haben sie frei und können natürlich nach Hause fahren und putzen, kochen, Dinge erledigen, einkaufen gehen. Aber genau dann sind ihre Kinder in der Schule, und die Partner häufig bei der Arbeit. Wann haben diese Putzkräfte Zeit für ihre Familien, Zeit, ihre Kinder ins Bett zu bringen? Mitunter sind ihre jeweiligen Arbeitsplätze so weit voneinander entfernt, dass sie noch weniger Freizeit haben.

Unter den Putzkräften findet man heute viele Immigranten, die die Landessprache nur mangelhaft beherrschen. Dreißig Prozent der legalen Putzleute in Helsinki kommen aus dem Ausland. Aber es gibt auch die anderen, die keine Papiere haben und unsichtbar für die Behörden sind. In einer solchen Situation ist es unmöglich, über Mindestlöhne und Zuschläge für extreme Arbeitszeiten zu verhandeln. Und auch den Gewerkschaften fällt es schwer, diese Reinigungskräfte zu mobilisieren, um mit vereinter Kraft anständige Löhne und Arbeitsbedingungen erstreiten zu können.«

•

Der längste Streik in der Geschichte der Niederlande fand im Frühjahr 2011 statt. Da streikten die Reinigungskräfte, auch diejenigen, die an Flughäfen und Bahnhöfen putzten. Mehr als hundert Tage lang ließen sie die Müllberge wachsen. Sie gewannen den Arbeitskampf und erhielten eine anständige Lohnerhöhung.

•

Aus einer seriösen Fernsehdokumentation erfahre ich von den verheerenden Arbeitsbedingungen der Zimmermädchen in finnischen Hotels. Bevor der nächste Gast (ich?) ankommt, müssen jeden Morgen im Akkord Zimmer geputzt werden. Angestellte, die viele Dienstjahre auf dem Buckel haben, sind unerwünscht, weil man sie besser bezahlen muss. Meistens gehen sie von selbst, weil sie die neuen, oft untragbaren, Zustände nicht mehr aushalten.

•

Der Putzsektor ist globalisiert worden. Millionen von Frauen, vor allem aus Asien und Osteuropa, reisen zwischen verschiedenen europäischen Staaten hin und her, um Geld für ihre Familien zu verdienen. Seit die EU die Grenzen geöffnet hat, findet man kaum Statistiken darüber, wie viele von ihnen für einen besseren Lohn von einem europäischen Land ins andere wechseln. Auch wer legal für eine eingetragene Reinigungsfirma arbeitet, kann zu den Verlierern gehören: Die Tarife der Reinigungsfirmen orientieren sich in der Regel an denen ihrer Tochterunternehmen in Ländern mit einem niedrigeren Lohnniveau. Somit ist es schwer, die Löhne der Putzkräfte auf einem angemessenen Niveau zu halten, was dazu führt, dass viele von ihnen zusätzlich Nebenjobs annehmen – die häufig schwarz bezahlt werden. Die Wissenschaftlerin Elin Kvist berichtet in einem Artikel, dass in Schweden die steuerliche Absetzbarkeit von Putzdiensten dazu geführt hat, dass das Putzen in das offizielle Gesellschaftssystem eingegliedert wurde, gleichzeitig aber eine Parallelwelt mit Jobs entstanden ist, die nicht auf Rechnung laufen.

Vermutlich gibt es eine ähnliche Doppelstruktur auch in Finnland. Die Statistik besagt, dass achtzig Prozent der haushaltsnahen Dienstleistungen für Renovierungs- und Reparaturarbeiten abgesetzt werden, aber nur zwanzig Prozent fürs Putzen. Vermutlich sind die Tarife der Handwerksbetriebe höher als die der Reinigungsfirmen, und bestimmt sind viele Häuser reparaturbedürftig, aber ich kann nur schwer glauben, dass das Putzpersonal nur einen Anteil von zwanzig Prozent haben soll. In die Kategorie Hausarbeit fallen auch Dienste, wie sie ältere Menschen zur Bewältigung des Alltags brauchen, und diese Bedarfsgruppe wächst stetig. Sie macht schon heute den größten Anteil derer aus, die die haushaltsnahen Dienstleistungen absetzen.

•

Manche der umherreisenden Putzkräfte haben wie erwähnt keine Papiere und damit auch keine Rechte in den neuen Ländern, in die sie gekommen sind, häufig innerhalb der EU. Manche werden von den Familien, für die sie arbeiten, wie Gefangene gehalten. Einige werden Opfer sexueller Gewalt.

Putzarbeit wird in vielen Ländern nicht als vollwertige Arbeit anerkannt. Wer putzt, unterliegt mitunter strengeren Gesetzen als andere Arbeitnehmer. So gibt es teilweise spezielle Visa- und Aufenthaltsbestimmungen für Reinigungskräfte. In Kanada etwa müssen Putzleute, die aus anderen Ländern einwandern, bei ihren Arbeitgebern wohnen, und sie müssen zwei Jahre länger im Land gewohnt haben als Immigranten mit anderen Berufen, ehe sie eine Aufenthaltsgenehmigung erhalten. Auch in Singapur müssen Putzfrauen bei ihrem Arbeitgeber wohnen. Obendrein ist es ihnen verboten, eine (Liebes-)Beziehung mit einem Einheimischen einzugehen, und sie müssen sich regelmäßigen Schwangerschaftstests unterziehen. Man will die zugereisten Frauen in dem neuen Land nicht integrieren, sie sollen kein selbständiges Leben in einer eigenen Wohnung führen dürfen.

Nicht einmal in der EU herrscht Übereinstimmung darüber, wie man mit den immigrierten Putzfrauen verfahren soll. In Italien und Spanien regeln Quoten, wie viele Arbeitsgenehmigungen erteilt werden. In anderen Mitgliedsstaaten, darunter Polen und Deutschland, erhalten nur Menschen aus bestimmten Ländern, vor allem den neuen EU-Ländern oder den östlichen Nachbarländern, eine Arbeitsgenehmigung. Am größten ist der Exodus im Osten. Laut Unicef lebten im Jahr 2005 in der Ukraine, in Polen und in Moldawien einunddreißig Prozent aller Kinder zwischen null und vierzehn

Jahren ohne einen oder beide Elternteile. Exakte Zahlen aus anderen Ländern lassen sich nur schwer ermitteln, weil viele von denen, die weggegangen sind, nicht im Verzeichnis der Behörden auftauchen.

•

Durch solche Sonderbestimmungen hält sich in manchen Ländern hartnäckig das Vorurteil, Putzen sei keine richtige Arbeit. Da die Putzkräfte (oder Haushaltsangestellten) in vielen Ländern bei ihren Arbeitgeberfamilien gemeldet sein müssen, können sie nicht einfach die Familie wechseln, wenn es Probleme gibt. Wenn sie sich eine andere Stelle suchen wollen, müssen sie das Land verlassen. Oft können sie sich eine weitere Reise oder gar die Heimreise aber nicht leisten, weil sie Schulden bei dem Schleuser haben, der ihre Anreise organisiert und Gebühren kassiert hat. Mit dem Geld, das sie verdienen, finanzieren sie den Lebensunterhalt ihrer Familie zu Hause; der Lohn zerrinnt ihnen zwischen den Fingern. Im schlimmsten Fall leben sie in ihrer neuen Heimat wie Geiseln. Wie sollten sie ihren sogenannten Arbeitgebern entfliehen?

•

Es gibt auch heute noch Sklaven.

•

Die Ursachen dafür, dass Putzleute so unwürdig behandelt werden, als wären sie selbst Dreck, liegen weit in der Vergangenheit. Das hierarchische Gesellschaftsmodell lässt sich nur schwer abschaffen. Und manchmal habe ich sogar den Verdacht, dass es in idealisierter Form wieder zurückkehrt.

Im letzten Jahr habe ich, genau wie Millionen anderer Menschen, die englischen Fernsehserien *Downton Abbey* und *Das Haus am Eton Place* gesehen, die als anspruchsvolle Unterhaltung gelten. In beiden Serien hat der Haushalt der Upper Class seine eigene Ordnung, und alle Angestellten kennen ihren Platz darin. Natürlich passiert es, wie in allen Fernsehserien dieses historischen Formats, dass sich jemand über die Grenzen zwischen Herrschaft und Dienerschaft hinweg verliebt, und dann führen die Standesunterschiede zu peinlichen Situationen in Salon und Küche. Je mehr ich von diesen Serien gesehen habe, desto beschämter wurde ich über mich selbst und all die anderen, die sich von den hübschen Kleidern und klischeehaften Charakteren verführen lassen. *Downton Abbey* ist ungefähr so wie *Unsere kleine Farm*. Am Ende wird alles gut, die Arroganten bekommen ihre gerechte Strafe oder sehen das Licht der Wahrheit, die Guten werden nach all ihren Prüfungen in irgendeiner Weise belohnt.

Wer die Serie *Downton Abbey*, die natürlich auf sorgfältigen Recherchen beruht (so etwas kann sich die BBC noch leisten), aufmerksam verfolgt, wird bemerkt haben, dass die Dienerschaft nach Geschlechtern aufgeteilt ist. Das weibliche Personal muss unsichtbar bleiben, während die Männer für die öffentlichen Aufgaben zuständig sind. Sie arbeiten als Chauffeure, sie empfangen Gäste und bedienen am Tisch. Wer die Herrschaft ankleidete, war vom Putzen befreit; der Schmutz sollte nicht bis in die Gemächer vordringen. Unterhalb dieser obersten Schicht des Gesindes fällt die Hierarchie steil ab. Ganz unten stehen die Frauen, die sich um die Reinigung des Hauses kümmern. Diese Putzfrauen müssen unsichtbar bleiben. Und ganz unten kniet diejenige, die für den Schmutz und Ruß in der Küche zuständig ist: die kleine Magd.

•

Ich möchte die nächste Staffel von *Downton Abbey* nicht sehen, ich möchte mich nicht von der Stufenhierarchie verführen lassen.

Tag XVII

Ich bin auf der Suche nach den Ursprüngen der Putzwissenschaft, Teil I Wenn ich im Jahr 2012 beschreibe, wie würdelos Frauen innerhalb Europas auf der Suche nach Arbeit hin- und hergeschoben werden und, haben sie endlich Arbeit gefunden, als Putzsklaven gehalten werden, weckt das meinen Zorn. Schließlich ist die Sklaverei schon lange abgeschafft.

•

Die Frau, die am meisten zur Befreiung und Rehabilitierung der Sklaven beigetragen hat, ist die Autorin und Bürgerrechtlerin Harriet Beecher Stowe (1811-1896). 1852 erschien ihr Roman *Onkel Toms Hütte,* ein Manifest gegen die Sklaverei. Kein Mensch sollte das Recht haben, einen anderen Menschen zu besitzen und ihn zur Arbeit zu zwingen; für den eigenen Gewinn, der zum Verderben des anderen wird. Doch auch in der Geschichte des Putzens stoße ich auf Harriet Beecher Stowe. Wie viele andere Intellektuelle jener Zeit war sie ein Multitalent. Sie schrieb für Kinder, sie schrieb Kolumnen, Romane und christliche Traktate. Sie ergriff nicht allein für die Sklaven Partei, sondern engagierte sich auch für die Rechte der Frauen.

•

Im Jahr 1869 gab Harriet Beecher Stowe gemeinsam mit ihrer Schwester Catherine Beecher, Gründerin einer Hauswirtschaftsschule, ein gewichtiges Buch von fast fünfhundertdreißig Seiten heraus. Es trägt den soliden Titel *The American Woman's Home: Or, Principles Of Domestic Science; Being A Guide To The Formation And Maintenance Of Economical, Healthful, Beautiful, And Christian Homes.* Die Autorinnen widmen ihr Werk allen Frauen in Amerika, »in deren Händen das wahre Schicksal der Republik liegt«. Hundert Jahre später prägten Feministinnen den Slogan »Das Private ist das Politische«. Kluge Wahrheiten vertragen es, wiederholt zu werden.

•

Die beiden Schwestern haben eine große Vision: Die Frauen sollten in der Lage sein, ihren Haushalt selbst zu führen, ohne Sklaven, und ohne selbst zu Sklaven zu werden. Das Buch verströmt einen Hauch von früher Mittelschicht-Idylle und altkluger Christlichkeit, aber das verzeihe ich den beiden gern. Ein bisschen Moral ist mir lieber als eine reine Gebrauchsanweisung. Die Schwestern sind Expertinnen auf dem Gebiet der Hauswirtschaft und brennen zugleich auch für ihre Vision. Sie denken über modernere Arbeitsabläufe im Heim nach, weil sie wollen, dass das Leben der Frauen leichter und besser wird. Gleichzeitig suchen sie in den Hausfrauen Mitstreiterinnen, um sich mit ihnen in der Gesellschaft für wohltätige Zwecke zu engagieren. Die Verantwortung einer Hausfrau ist groß, war es immer gewesen.

•

Wenn ich das Buch der Beecher-Schwestern lese, erstaunt es mich, wie bekannt mir vieles darin vorkommt. Dinge, von denen ich annahm, sie wären im wissenschaftlich geprägten 20. Jahrhundert entstanden, werden bereits in *The American Woman's Home* beschrieben. Zur Arbeit in der Küche etwa, ein Thema, auf dem sich spätere Haushaltsexperten bei ihrer Theoriefindung austobten, warten die Schwestern schon 1869 mit einer Reihe von praktischen und modernen Vorschlägen auf: zusammenhängende Arbeitsflächen, standardisierte Aufbewahrungsschränke und in die Wand eingelassene Regale, ein separater Bereich für die Zubereitung der Mahlzeiten sowie eine sinnvolle Platzierung von Herd und Feuerstätten. Sie haben das Ganze im Blick, damit die Hausarbeit so einfach wie möglich zu bewerkstelligen ist. Aber die Organisation der Arbeit ist kein Ziel an sich, sondern Mittel zum Zweck, um das Heim zu verschönern, damit sich die ganze Familie dort wohlfühlt.

•

Zum Wohlgefühl gehört laut den Beecher-Schwestern auch eine leichte Ernährung und hin und wieder eine kleine Fastenkur. Und der Speiseplan soll nicht zu viel Fleisch enthalten. Sehr gesund, murmle ich.

•

Wenn die Schwestern über die Arbeitsaufteilung im Haushalt schreiben, muss ich schmunzeln. Ich sehe die vielen Eltern vor mir, die ihre Kinder ständig vor den rauen, mitunter auch unangenehmen Realitäten des Lebens bewahren wollen. Die Schwestern sind nämlich der Meinung, dass auch die Kinder im Haushalt mithelfen sollen. Alle, die zusammen leben, sollen auch zusammen arbeiten. Nach dem Motto: Kleine Hände, kleine Aufgaben.

•

Mitunter schlagen die Schwestern einen modernen feministischen Ton an; so erzürnen sie sich beispielsweise sehr darüber, dass das Fach Hauswirtschaft seinen Status eingebüßt habe, als die Männer mit ihrer »Nationalökonomie« in das Territorium der Frauen eindrangen.

Das Feld der Nationalökonomie wäre ohne das Feld der Hauswirtschaft nicht denkbar. Und die Arbeit ist auf dem einen so wertvoll wie auf dem anderen.

•

Als ich zu dem Kapitel komme, in dem die Beecher-Schwestern darüber schreiben, warum eine präzise Zeitplanung zur Bewältigung des Alltags so wichtig ist, fühle ich mich verstanden. Frauen, die im Haushalt Zeit sparen, könnten mit einem guten Gewissen ihren geistigen und sozialen Interessen nachgehen. Schließlich müssten wir alle vor Gott Rechenschaft darüber ablegen, wie wir unsere Zeit genutzt haben. Die Zeit, die wir zur Erholung und zum Vergnügen nutzten, sei so wertvoll wie die Stunden, die wir in Arbeit und Gebet investierten. In unserem Leben sollte alles seinen Platz haben: Schlaf und Ernährung, Arbeit und Einkommen, intellektuelle Vervollkommnung, körperliches Training und Zerstreuung, barmherzige Taten und religiöse Pflichten. Die wahre Wirtschaft sei die Kunst der wirtschaftlichen Zeiteinteilung. Ich nicke. Die Planung ist der Weg, nicht das Ziel.

•

Machen Sie einen Zeitplan, erstellen Sie Merklisten, schreiben Sie Termine und Aufträge in Ihren Kalender, kleben Sie bunte Post-it-Zettel an die Kühlschranktür. Nutzen Sie irgendeine schlaue Methode – aber vergessen Sie darüber nicht Ihre Freizeit und Ihre geistige Betätigung. Lassen Sie sich treiben, nehmen Sie sich Zeit dafür, schämen Sie sich nicht. Sie sind eine Einheit aus Körper und Seele. Im Grunde könnte ein jeder Lebensberater heute die gleichen Ratschläge geben wie die Beecher-Schwestern zu ihrer Zeit.

•

Ich entdecke die Grand Dames der finnischen Haushaltswissenschaft, die Mitte des 20. Jahrhunderts großen Einfluss hatten: Maiju Gebhard (1896-1986) und Elli Saurio (1899-1966), und mein Pessimismus bezüglich unserer Fähigkeit, von früherern Generationen zu lernen, wächst. Mit ihrem Engagement beim Martha-Verband und dem Verband für Arbeitseffizienz wirken sie wie geistige und intellektuelle Töchter der Beecher-Schwestern. Damals setzten sich Erkenntnisse nicht so schnell durch wie heute, insbesondere dann nicht, wenn es um die Lebensbedingungen der Frauen ging. Tatsächlich ist es ziemlich deprimierend, dass mehrere Jahrzehnte vergehen mussten, ehe die beiden finnischen Haushaltsaktivistinnen dort ansetzten, wo die beiden amerikanischen Schwestern längst angekommen waren. Sowohl Gebhard als auch Saurio hatten sich der Frage nach rationeller Zeiteinteilung mit großer Begeisterung gewidmet

und sich viele Jahre der praktischen Aufklärungsarbeit auf diesem Gebiet angenommen.

Maiju Gebhard gehört zu den wenigen Frauen, die hervorgehoben werden, wenn von den finnischen Pionieren des 20. Jahrhunderts die Rede ist. Während eines Studienaufenthalts in Schweden im Jahr 1919 hatte sie sich mit neuen Ergebnissen der modernen Haushaltswissenschaft vertraut gemacht. Die Legende besagt, dass ihr schon damals ein mobiles Holzgestell aufgefallen war, das man neben der Spüle platzieren konnte, um Geschirr hineinzustellen, sodass es zunächst abtropfte, ehe man es abtrocknete und in den Schrank räumte. Jedenfalls begann Gebhard in ihrer neuen Funktion als Abteilungsleiterin für Forschung, Ausbildung und Volksaufklärung beim »Verband für Arbeitseffizienz« noch während des Zweiten Weltkriegs ein Möbel zu entwickeln, ohne das heute kein Finne mehr leben will oder kann: Den Trockenschrank für Geschirr, der direkt über der Spüle hängt. Im Jahr 1948 begann die industrielle Fertigung dieser raffinierten Gitterkonstruktion, die in alle standardisierten Küchenschränke passt.

Maiju Gebhard hatte eine ausgeprägte Leidenschaft für Zahlen und Statistiken. Immer schien sie genau zu wissen, wie viele Schritte, Handgriffe oder Rückenbeugen man sparen konnte, wenn ein Gegenstand entsprechend benutzerfreundlich gestaltet wurde und die Frauen bereit waren, ihn anzunehmen. In einem Fernsehinterview aus dem Jahr 1963 erwähnt Gebhard beispielsweise, dass die vereinfachte Handhabung des Geschirrs zu einer Zeitersparnis von zirka dreitausend Stunden pro Person und Jahr führen könnte. Und all die Geschirrhandtücher – von Hand gesäumt mit gesticktem Monogramm – die in meiner Schublade liegen, werden so auch nicht zerschlissen, denke ich. Ich verzeihe Gebhard ihren missionarischen Eifer gern. In dem Interview von 1963 höre ich ihre schöne Stimme. Sie spricht wohlmoduliert – hat in ihrem Leben sicher viele Vorträge gehalten – über all das, wofür sich auch Catherine und Harriet Beecher eingesetzt haben. Die neue Zeiteinteilung soll den Frauen zugutekommen, soll ihnen das Leben erleichtern, damit sie die nötige Erholung finden. Manchmal sind exakte Zahlen der direkteste Weg zur Fürsorge.

Es verwundert alle Finnen, die im Ausland einen Blick in die Küchenschränke werfen dürfen, dass es nirgends Trockenschränke gibt. Diese einfache Vorrichtung wurde nie zum Exportschlager. Sie steht zwar auf der Liste der hundert wichtigsten sozialen Innovationen Finnlands, ist aber vielleicht nicht sexy genug, um den Status eines Designerstücks zu erlangen. Dafür eignet sich die Aalto-Vase besser. Und natürlich ist sie auch ein bisschen hübscher. Aber ich kann ohne sie leben. Ohne das Abtropfgestell in meinem Küchenschrank kann ich nicht leben.

•

Während einer Diskussion mit zwei Kolleginnen stellt sich uns plötzlich die Frage, ob der Trockenschrank vielleicht bald auch aus Finnlands modernen Küchen verschwindet? Was, wenn er durch die Spülmaschinen ein für alle Mal überflüssig geworden ist?

Ich muss das nachprüfen.

An einem kalten Nachmittag stapfe ich wieder in das Küchenhaus mit den schönen Fresken. Ich fange an, die Türen der Küchenschränke zu öffnen, und ein Verkäufer namens Sampo gesellt sich zu mir. Er braucht keine Sekunde, um mir zu erklären, dass der Trockenschrank niemals aus den finnischen Küchen verschwinden würde. Wie ich überhaupt auf den Gedanken kommen könne? Man braucht ihn für Töpfe, Nuckelfläschchen und andere Gefäße, die nicht spülmaschinenfest sind. Sampo teilt außerdem stolz mit, dass sein – durch und durch finnisches – Unternehmen es nun endlich so weit gebracht habe, dass sich auch schwedische Tellerwäscher für die Trockenschränke interessieren, sechzig Jahre nach ihrer Erfindung.

Sogar in Moskau sei man nun von den mittlerweile sehr ansprechend gestalteten Gitterkonstruktionen angetan, erzählt Sampo weiter. Als Nächstes gelte es, Sankt Petersburg zu erobern. Ich wünsche ihm viel Glück.

•

Maiju Gebhards Mitstreiterin war Elli Saurio. Auch Saurio stellte mathematische Berechnungen an, um den Frauen die Hausarbeit zu erleichtern, und 1934 leitete sie eine umfassende Studie ein, mit der sie herausfinden wollte, wie viel Zeit finnische Hausfrauen auf dem Land in ihre unterschiedlichen Arbeitsaufgaben investierten: »Wie nutze ich die 24 Stunden des Tages«, lautete ihre Frage, auf die die dazu aufgerufenen Frauen ein Jahr lang, und zwar täglich, antworten sollten. Für die sieben gewissenhaftesten, und damit wissenschaftlich brauchbarsten, Berichte gab es ein Preisgeld.

Die Fragebogen-Aktion hatte natürlich auch einen pädagogischen Aspekt. Die Frauen sollten sich die in die Hausarbeit investierte Zeit vor Augen führen und sich selbst über eine rationellere Zeiteinteilung Gedanken machen.

Der Wettbewerb wurde ordnungsgemäß ausgetragen (und ja: Die Frauen gaben auch zu Protokoll, wie viel Zeit sie darauf verwendeten, ihre Protokolle zu schreiben). Später promovierte sie über das Thema, die Dissertation erregte großes Aufsehen, als Saurio sie 1946 vorstellte. Die Zeitungen interessierten sich nicht etwa dafür, dass Saurio die erste Frau war, die im Fach Nationalökonomie promoviert hatte, sondern lediglich für ihren merkwürdigen Forschungsgegenstand. Wie um alles in der Welt konnte jemand über etwas so Obskures wie Hauswirtschaft promovieren, etwas, mit dem sich die Frauen zu Hause beschäftigten? Gehörte das auch zur nationalen Wirtschaft, wirklich, ganz im Ernst?

•

Wer kurz und bündig erfahren will, wie die Forschung zum Thema Rationalisierung der Hausarbeit damals aussah, dem empfehle ich wärmstens den norwegisch-schwedischen Film *Kitchen Stories* aus dem Jahr 2003. Wenn ich mich mit Männern über das Putzen unterhalte, reden sie eigentlich nur über diesen Film. Sie haben sich eindeutig für den schnellen Durchlauf entschieden.

Der Film handelt davon, wie die Schweden den armen Norwegern dabei helfen sollen, die im Haushalt anfallenden Aufgaben besser zu bewältigen. Wir schreiben die frühen Sechzigerjahre, schwedische Volvos rollen in langen Kolonnen über die norwegische Grenze und wechseln im richtigen Moment von Links- auf Rechtsverkehr. Anschließend hält jedes Auto, mit einem Wohnwagen im Schlepp, vor einem Haus, in dem ein norwegischer Junggeselle wohnt, der mittels staatsübergreifender Maßnahmen die praktische Überlebenskunst erlernen soll.

In den Küchen platzieren die (männlichen) schwedischen Forscher eine Art Hochsitz. Jeden Morgen erklimmen sie ihn schweigend. Jegliche Kontaktaufnahme mit den norwegischen Junggesellen ist verboten. Der Schwede sitzt auf seinem hohen Stuhl, und beobachtet, wie sich der Norweger in seiner Küche bewegt. Das zeichnet er mit verschiedenen Pfeilen in seinem Plan ein.

Nun gut, die Geschichte wird kompliziert, wie man es ja auch erwarten kann, wenn Ingenieurkunst aus dem schwedischen Wohlfahrtsstaat auf primitives norwegisches Dorfleben trifft. (In Finnland haben die Schweden natürlich auch Aufklärungskampagnen durchgeführt.) Ein unterhaltsamer und rührender Film – der gleichzeitig auch einen sehr wahren Kern hat. Tatsächlich stellten Forscher auf diese Weise ihre Untersuchungen an, protokollierten sie die Zeit- und Raumaufteilung ihres Forschungsgegenstands. Aber das ist nun auch lange her, es geschah in einer Zeit, als es noch nicht alle immerzu eilig hatten.

Tag XVIII

Ich bin auf der Suche nach den Ursprüngen der Putzwissenschaft, Teil II 1985 promovierte Gudrun Linn mit dem Thema »Badezimmer und Putzen: Wie sollten Badezimmer gebaut sein, um die Reinigung zu erleichtern?« an der Königlich Technischen Hochschule in Stockholm. Es ist eine akribische Untersuchung mit vielen Tabellen, wie sie vierzig Jahre zuvor auch schon in Elli Saurios Dissertation zu finden waren. Den Kern der Arbeit bildet ihre Kritik am Staatlichen Rat für bauliche Normen. Als Linn ihre Promotion schrieb, gab es nämlich keine vernünftigen Standards für die Ausstattung von Badezimmern und Toiletten. Ob diese leicht zu säubern waren, spielte damals offensichtlich keine Rolle.

Ihre Promotion war ein Plädoyer für Zweckmäßigkeit, auch in Hinblick auf den demographischen Wandel der Gesellschaft. Wie sollten Häuser und Wohnungen beschaffen sein, damit mehr Menschen länger zu Hause wohnen können, auch wenn ihre Körper schwächer werden? Werden die Rentner in der Lage sein, ihre Wohnungen selbst zu putzen, inklusive Badezimmer und Toilette? Was können wir tun, damit Behinderte in eigenen Wohnungen leben und ihren Haushalt selbständig führen können?

•

Ich wohne in einem Haus, das in den Zwanzigerjahren gebaut wurde, und ich verstehe genau, was Gudrun Linn mit ihrer Forschung erfassen und verändern wollte. Unser kleines Bad ist nur schwer zu putzen. Linn beschreibt genau die Probleme, mit denen ich auch zu kämpfen habe: Die Toilette lässt sich nicht so einfach reinigen. Zwischen der Klobrille, dem Deckel und dem Spülkasten gibt es einen Spalt, an den man weder von vorn noch von hinten herankommt. Das Porzellanbecken hat zu viele Rundungen, Schmutz bleibt dort hängen. Und der Spalt zwischen Schüssel und Kacheln ist so schmal, dass meine Hand nicht dazwischen passt und ich weder die Rückseite des Klos noch die Wand säubern kann. Auch der Abstand zur Seitenwand ist so gering, dass ich mich beim Putzen wie eine Schlangenfrau verrenken muss.

All diesen Mängeln wollte Gudrun Linn mit ihren Untersuchungen auf den Zahn fühlen. In erster Linie wollte sie die Toiletten modernisieren. Sie sollten wandhängend sein, damit man auf Fugen verzichten und den ganzen Boden mit einem langstieligen Mopp wischen konnte. Von einem solchen Luxus kann ich nur träumen, wenn ich vor unserer kleinen Toilette knie.

•

Ich bewundere Gudrun Linn für diese Doktorarbeit. Noch vor der Disputation entstand ein riesiger Medienwirbel um die »Putzdoktorin«, wie sie in Schweden allgemein genannt wurde. Genau wie im Fall von Elli Saurio im Jahr 1946 wurde ihre Arbeit zum Gegenstand des Gespötts. Forschung über Putzen – das verträgt sich doch nicht mit den akademischen Traditionen?!

Am Tag vor der Disputation veröffentlichte die Tageszeitung *Dagens Nyheter* den Kommentar eines (männlichen) Dozenten, der die Doktorarbeit ins Lächerliche zog. Fünfundzwanzig Jahre später erinnert sich Gudrun Linn in einem Interview an diesen Tag. Im Stress vor der Disputation habe sie es nicht gewagt, mehr als die Einleitung zu überfliegen. Erst später las sie den ganzen Text, in dem der Kollege – ohne die Arbeit gelesen zu haben – behauptete, Linn hätte zehn Jahre darüber nachgedacht, wie man mit einer Bürste und einem Lappen ein Badezimmer säubern kann.

Der Artikel löste eine journalistische Hetzjagd aus: Das Fernsehen berichtete in den Nachrichten über Linns »lächerliche Abhandlung«, und auch die anderen Zeitungen brachten Schlagzeilen über den angeblichen Forschungsskandal. Besonders empört zeigte man sich darüber, dass Linn ganze zehn Jahre gebraucht hätte, um zu einem Ergebnis zu gelangen. Diese Behauptung war allerdings nie überprüft worden. In Wahrheit waren es nämlich vier Jahre, wie es die Regeln für Doktoranden vorschrieben.

Im Jahr der großen Medienhetze wurde Linn jedoch vom *Expressen* zur Frau des Jahres gewählt.

Nach der Disputation arbeitete sie als Architektin, Forscherin und Lehrerin an der Technischen Hochschule in Göteborg. Ihre Publikationsliste ist beeindruckend.

•

Fünfundzwanzig Jahre später äußert sich Gudrun Linn in einem Interview zu der damaligen Medienhetze. Sie blickt als Gewinnerin auf die ganze Geschichte zurück. Sie hatte Baunormen untersucht und Mängel gefunden. Durch ihre Forschungsresultate gelang es ihr tatsächlich, die Baubranche zu beeinflussen. Sie hatte neue Normen für den Bau von Badezimmern und Toiletten vorgeschlagen, um das Putzen zu erleichtern, und die Baubranche passte sich daran an. Auf den Wohnmessen tauchten wandhängende Toiletten und Waschbecken auf, und die Hersteller von Sanitärbedarf luden Linn ein, ihre Forschungsergebnisse zu präsentieren. Zuerst wurden die Neuerungen in öffentlichen Gebäuden wie Schulen und Restaurants umgesetzt, doch nach und nach wurden auch die privaten Haushalte mit geräumigeren und praktischeren Toiletten und Bädern ausgestattet.

•

Wer zuletzt lacht, lacht am besten. Ich verneige mich vor Linns Forschungseinsatz – im doppelten Sinne des Wortes, wenn ich mit gekrümmtem Rücken meine altmodische Toilette putzen muss. Ich wünschte mir, dass der Raum, genau wie sie es empfiehlt, ein bisschen breiter und die Toilettenschüssel nicht am Boden verankert wäre, sondern an der Wand. Ich bücke mich und erinnere mich an das Motto des Interviews mit Gudrun Linn, der Putzdoktorin. Da war sie siebenundsiebzig Jahre alt geworden und konnte aus langer Erfahrung sprechen. »Man schafft mehr, als man glaubt.«

•

Man schafft mehr, als man glaubt. Meine Tochter hat einen anderen guten Rat: »Bite more than you can chew.«

Sei wagemutiger.

Tag XIX

Ich lese von Kindern, die nicht putzen Zu den eingangs erwähnten Kinderbüchern zum Thema Putzen gehört Gunilla Woldes *Totte räumt auf.* Diesen schwedischen Bilderbuchklassiker muss ich noch einmal lesen, nur für mich, nicht für ein Kind. Ich finde eine Ausgabe mit Symbolen für Gebärdensprache – das Buch hat also im jungen schwedischen Wohlfahrtsstaat ein großes Publikum gefunden.

•

Totte geht bei sich zu Hause umher. Er hat einen Pagenkopf und trägt einen gestreiften Unisex-Pullover. Er ist ganz allein. Totte schleppt Sachen hin und her und verursacht immer mehr Unordnung, bis er, ohne dass es ihm ein Erwachsener sagen muss, von selbst darauf kommt, dass er nun aufräumen muss, um seinen verschwundenen Teddy wiederzufinden.

•

Das Buch über Totte erschien 1970, mitten im großen gesellschaftlichen Umbruch, als immer mehr Frauen das Haus verließen und auf den Arbeitsmarkt drängten. Es herrschte eine Kultur der Aufklärung. Wenn die Frauen im Sinne der Gleichberechtigung das Heim verließen, sollten auch die Kinder entsprechend an der gesellschaftlichen Entwicklung teilhaben. Sie sollten ebenfalls Verantwortung übernehmen. Deshalb weiß auch Totte, was Verantwortung heißt, und er fängt an, aufzuräumen, obwohl er allein zu Hause ist und kein Erwachsener ihn dazu ermahnt. Um ihn herum wird es schön ordentlich, als er all seine Spielsachen an ihren Platz stellt. Und obendrein ist er am Ende wieder mit seinem geliebten Teddy vereint, den er beim Aufräumen gefunden hat.

•

Unsere Tochter hat sich nie sonderlich für Kinderbücher begeistert, sie war ein äußerst kritischer Konsument. Aber die Totte-Bücher hat sie geliebt, genau wie die Bücher über Emma, die ebenfalls von Gunilla Wolde geschrieben wurden. In der Stadtbücherei in der Kleinstadt Hanko, wo wir unsere Sommer verbrachten, gab es eine große Auswahl von Totte-Büchern. Im großen Helsinki dagegen findet man sie nur schwer.

Mehrere Jahre lang verbrachten wir den Sommer mit Totte, und ich musste mein Urteil über die aufklärerische Kinderbuchliteratur der 1970er revidieren. In meinen Literaturseminaren an der Universität redete man darüber genauso despektierlich wie über das gesamte politisch (über)korrekte Jahrzehnt, das ich selbst erlebt habe. Jetzt wurde es Zeit, meine Aversion gegen Totte abzulegen. Ich hatte eines verstanden: Auch ganz junge Menschen wollen mitunter wissen, wie die Welt funktioniert. Sie müssen nicht immer unterhalten werden. Kinderbücher, in denen von Arztbesuchen und vom Staubsaugen die Rede ist, können die besten Abenteuer erzählen, weil sie die Tür zum geheimnisvollen Erwachsenenleben öffnen.

•

Ich muss mir einen Überblick darüber verschaffen, ob das Thema Putzen in den aktuellen Kinderbüchern noch eine Rolle spielt. Vermittelt man Kindern heute noch etwas über das Putzen? Ich starte eine Suche im elektronischen Katalog der Bibliothek und bin erstaunt: Immerhin eine Handvoll Bücher finde ich zu diesem unerschöpflichen Thema. Nicht schlecht, denke ich, und beginne neugierig mit der Lektüre.

Meine kleine Recherche in den Bilderbüchern des neuen Jahrhunderts zeigt eine andere häusliche Welt als jene von Totte und Emma. Was zunächst auffällt: Die Familienmitglieder sind keine Menschen mehr, sondern Tiere. Um komplexe Themen verständlich zu machen, wird die gesamte reale Welt in eine Tierwelt verlegt, mit Wesen, die menschliche Probleme haben, ohne selbst Menschen zu sein.

In dem Buch *Vem städer inte* (»Wer räumt nicht auf?«, 2011) von Stina Wirsén haben wir es mit einer Teddybärenfamilie zu tun und in *Snurran städar* (»Snurran räumt auf«, 2009) von Eva Bergström und Annika Samuelsson mit einer Katzenfamilie. Beiden Büchern gemein ist, dass die Kleinsten in der Familie faul sind, sich weigern, ordentlich aufzuräumen, und dass die Eltern wütend auf sie sind. Es ist Samstag, das heißt Putztag, für die *ganze* Familie. Das Putzen wurde inzwischen demokratisiert. Alle müssen putzen: Mütter, Väter und Kinder. Andererseits knüpfen die Bücher an vergangene Zeiten an, in denen das Saubermachen in Form eines Wochenputzes ritualisiert war. Dieser Rhythmus hängt natürlich damit zusammen, dass beide Eltern arbeiten, weshalb man den Freitagsputz von früher nun aufs Wochenende verlegen muss. Am Freitagabend machen es sich die meisten Familien wohl lieber vor dem Fernseher gemütlich. Doch auf die Gemütlichkeit folgt der krasse Samstag. Da ist der Ton in der Familie umgeschlagen, alle wirken gereizt und müde – wie verkatert.

In Stina Wirséns »Wer räumt nicht auf?« mündet die allgemeine Gereiztheit in einen gemeinen Streit darüber, warum Teddymama das Bücherregal nicht so gründlich abgestaubt hat, wie Teddypapa es erwartet. »Jetzt gibt es Krach!«, stellt Kleinteddy fest, der anschließend weinend neben den streitenden Eltern steht und ruft: »Aufhören!« Samstagsputz ist nicht lustig. Aber irgendwann herrschen in der Teddyfamilie wieder Frieden und Eintracht, und alle putzen, während die Putz- bzw. Popmusik für eine angenehme Untermalung sorgt. Zur Reinemachprozedur gehört auch ein Ausflug zum Komposthaufen und zum Recyclinghof, wie es sich für eine umweltbewusste Familie gehört. In der Schlussszene sehen wir die Teddymutter, wie sie auf dem Bett liegt und in einem Groschenroman liest, während sie Chips isst. Auch der Samstag kann gemütlich

sein, genau, wie Kleinteddy es sich von Anfang an gewünscht hat. Aber erst muss man den Wochenputz hinter sich bringen.

Das Putzen ist heute eine zwiespältige Angelegenheit. Alte Normen und Pflichtgefühl lassen die Eltern am Samstagsputz festhalten, obwohl wir alle durchs Leben hetzen und Kinder wie Erwachsene eigentlich lieber die Seele baumeln lassen sollten, gerade am Samstag. Die friedliche Totte-Welt ist eine Stresswelt geworden.

Aber wie hätte ich auf das Buch reagiert, wenn die Hauptfiguren keine goldigen, mürrischen und wütenden Teddybären gewesen wären, sondern echte Menschen? Ist der Knuddelfaktor vielleicht sogar nötig, um auf kindgerechte Weise vom Stress und den Konflikten unseres Alltags zu erzählen?

•

Auch in Eva Bergströms und Annika Samuelssons Buch »Snurran räumt auf« sind die Gefühlsschwankungen heftig. Hier sind es nicht die Katzeneltern, die sich wütend anschreien, als die Mutter zum Großputz aufruft. Diesmal richtet sich der Zorn direkt gegen die kleinste Katze in der Familie. Wenn Kleinkätzchen nicht auf faire Weise am gemeinsamen Putzunternehmen teilnimmt, bekommt es keine Süßigkeiten, mahnt Mama Katz. Aber Kleinkätzchen kommt mit dem Putzen nicht voran, es ist faul. Deshalb sieht sich Papa Katz zum Eingreifen gezwungen, und er droht Kleinkätzchen in wütenden Versalien: »DU RÄUMST JETZT DEIN ZIMMER AUF, SONST DARFST DU EINE GANZE WOCHE LANG NICHT MEHR FERNSEHEN!« Papa Katz ballt die Faust, zeigt wütend mit seinem Katzenfinger auf das faule Kleinkätzchen und droht schon wieder: »UND WENN DU JETZT NICHT ENDLICH LOSGEHST, DARFST DU AUCH NICHT MEHR AM COMPUTER SPIELEN!«

Wie auch im Bärenbuch wird die Krise am Ende im Kollektiv beendet: Kleinkätzchens Freunde kommen vorbei, und alle bringen gemeinsam Ordnung in sein Zimmer. Die Harmonie ist wiederhergestellt, und jeder ist zufrieden.

•

Das Thema Putzen in Kinderbüchern weckt gemischte Gefühle in mir. Nachdem ich Tottes selbständiges und sachliches Saubermachen gerade schätzen gelernt habe, irritiert es mich, dass dieses Thema in der modernen Kinderliteratur so konfliktbeladen ist. Sicher geht es dort nicht weniger realistisch zu als in den Totte-Büchern, und vermutlich erkennen die Kinder die Spannungen ihrer eigenen gestressten Eltern darin wieder. Aber dennoch: Der Wechsel von lautem Streit zu Harmonie geht mir zu schnell – es geht doch nur ums Putzen. Wie groß darf ein Streit werden, damit er den Rahmen eines kleinen Kinderbuchs nicht sprengt, frage ich mich. Aber dann kommt mir der Gedanke, dass meine eigene Feigheit etwas mit meiner Aversion gegen den Streit ums Putzen im Kinderbuchformat zu tun haben könnte. Ich mag Tottes Bedächtigkeit und seine Fähigkeit, das eigene Chaos ohne die Einmischung durch Erwachsene zu beseitigen. Ich mag Totte, weil ich selbst konfliktscheu bin.

•

Ich bin ein feiger Mensch, vermeide Streit lieber, auch wenn es ums Putzen geht.

Tag XX

Ich lese zeitlose Texte Es hilft nichts, ich muss zu den handfesten Wochenzeitschriften zurückkehren, von denen eingangs schon die Rede war. Ich muss prüfen, ob es die Spalten mit den guten und raffinierten Ratschlägen für das Kochen und Putzen immer noch gibt. Und ja, es gibt sie noch. Ich nehme ein Exemplar zur Hand und entdecke eine Ratgeberspalte mit der Überschrift »Schicken Sie Ihren besten Hausfrauentipp ein«. Wo sonst findet man in den Medien heutzutage noch das Wort Hausfrau? Aber Tipps brauchen wir auch im Jahr 2012 noch. Das bestätigt mir auch Mikaela Groop, die Redaktionsleiterin der Zeitschrift des Martha-Verbands, deren Leserinnen in einer Umfrage für die Beibehaltung ihrer Ratgeberspalte plädiert haben.

•

Wie so vieles andere sind auch die Spalten mit den Haushaltstipps eine schwedische Erfindung, die sich in Finnland schnell durchgesetzt hat. Bei uns kennt man sie vor allem in Form der heißgeliebten »Pirkka-Kniffe«, der Haushaltstipps der Kundenzeitschrift *Pirkka* der Supermarktkette Kesko. Dabei ist *Pirkka* bis heute konkurrenzlos, keine andere Zeitschrift hat auch nur annähernd einen solchen Erfolg. Auch in meiner Familie schlagen wir bei jedem neuen Heft sofort die Ratgeberseite auf, um nachzusehen, auf welche aberwitzigen Ideen die Leute diesmal gekommen sind.

Die ersten Haushaltstipps aus Schweden erreichten Finnland in den Fünfzigerjahren, sie erschienen damals als Buch. Seit 1974 werden sie in *Pirkka* veröffentlicht, und der zuständige Redakteur Anssi Orrenmaa behauptet, dass heute halb Finnland die Spalte mit den Haushaltskniffen kennt. So etwas gebe es nirgends sonst auf der Welt, schreibt er im Vorwort einer von ihm zusammengestellten Buchausgabe mit den besten Tipps.

Jean, ein alter Freund von mir, versuchte während seiner Studienzeit das Geheimnis für den großen Erfolg der »Pirkka-Kniffe« zu entschlüsseln und selbst Tipps beizusteuern. Für zusätzliche Motivation sorgte, dass jeder veröffentlichte Kniff mit fünfzig finnischen Mark belohnt wurde und Jeans magerer Studentenkasse eine Aufbesserung gutgetan hätte. Aber es gelang ihm nie, in die legendäre Spalte zu kommen. Inzwischen ist Jeans Verhältnis zu den »Pirkka-Kniffen« entspannt, in einer Mail an mich schreibt er: »Ich lese die Spalte zur Unterhaltung – über die praktische, aber vollkommen unästhetische Verwendung von Nylonstrümpfen kann man doch zum Beispiel nur lachen. Aber ich muss zugeben, dass diese Tipps oft eine aberwitzige Raffinesse haben, und ich glaube, diese Raffinesse braucht es auch für den Unterhaltungswert. Das Faszinierende ist ja, dass man nicht richtig weiß, ob die Tipps genial oder grotesk sind und ob es tatsächlich irgendjemanden gibt, der sie befolgt, oder ob sich der Einsender nur einen Spaß erlaubt hat. Und dann gibt es natürlich auch noch Tipps, die ganz einfach nur gut sind!«

Jean bringt es auf den Punkt: Da, wo die Tipps am besten sind, spielt der Humor mit hinein. Ein »Pirkka-Kniff« hat die gleiche Qualität wie ein guter Witz: Plötzlich betrachtet man etwas Bekanntes mit ganz anderen Augen, und die althergebrachte Logik wird auf den Kopf gestellt.

Es ist das berühmte Aha-Erlebnis, begleitet von einem schiefen Lächeln, weil wir uns auch ein bisschen dafür schämen, dass wir so leicht zum Lachen zu bringen sind.

•

Einige beliebte Phänomene tauchen in der Welt der Tipps und Kniffe immer wieder auf. Der Nylonstrumpf zum Beispiel. Er sei in dieser Sparte der König, schreibt Orrenmaa in seinem Vorwort zu der bereits erwähnten Buchausgabe. Tausende von mal mehr, mal weniger verrückten Kniffen gebe es über den Einsatz der löchrigen, aber dennoch unendlich strapazierfähigen Beinkleider! Hier ist einer dieser Tipps:

»Es ist nicht einfach, ans Telefon zu gehen, wenn man gerade die Wohnung streicht. Hängen Sie eine Nylonstrumpfhose an die Decke und stecken Sie das Handy in das eine Bein. So ist das Telefon immer griffbereit. Und hilft auch die Ehefrau bei der Renovierung, kommt ihr Handy einfach in das andere Bein.« Ich frage mich allerdings, wie wir die Strumpfhosen dort hinaufbekommen sollen und wie lang sie sein müssten, denn unsere Deckenhöhe beträgt fast dreieinhalb Meter.

•

Wenn der Nylonstrumpf der König im Reich der guten Ratschläge ist, dann ist die Plastiktüte die Königin, denn sie ist ebenfalls vielfältig einsetzbar, schreibt Orrenmaa weiter in seinem Vorwort. Das war im Jahr 2006, und ich habe den Verdacht, dass die Königin bald abdanken muss. Plastiktüten sind zu einem Tabu geworden – ökologisch unvertretbar, weil kilometerlange Teppiche aus weggeworfenen Plastiktüten auf den Ozeanen treiben. Ich vermute, dass man sich bei der *Pirkka*-Zeitung inzwischen auf die Seite der Umweltschützer geschlagen hat und die Tipps mit den Plastiktüten zensiert.

•

Weil Putzen in der Regel eine ernste Angelegenheit ist, weiß ich die Raffinesse zu schätzen, die in den besten Ratgeberspalten zum Ausdruck kommt. Putzen und Humor ist eine ungewöhnliche Kombination. Aber unabhängig von der freiwilligen oder unfreiwilligen Komik der Tipps: Sie verdienen meinen Respekt. Wenn ganz normale Menschen im Haushalt eine kleine innovative Idee entwickeln, die eine Erleichterung im Alltag mit sich bringt, verdient eine solche Entdeckerfreude Respekt.

Um zu testen, ob mir die guten alten Haushaltstipps auch im Jahr 2012 dabei helfen können, meine Putzkompetenz weiterzuentwickeln, nehme ich die letzte Ausgabe von *Året Runt* (»Durchs ganze Jahr«) zur Hand, ein Wochenblatt, das meine Familie abonniert hatte, als ich klein war. Dort finde ich eine ganze Seite mit guten Ratschlägen von Anita, Ida, Britt-Marie, Gustav, dem Steinbock, Elisabeth, Emma, Gerd und Johnny. Und siehe da: Ich bekomme drei hervorragende Tipps, die ich sofort ausprobieren möchte.

Gustav schreibt: »Um Schneidebretter aus Holz schön sauber zu bekommen, schrubbe ich sie mit Salz und einer Spülbürste. Da wird das Brett richtig rein. Noch dazu tötet das Salz Bakterien ab.« Elisabeths erfindungsreicher Rat lautet so: »Brillen, die von Schmutz und Fett fleckig sind, werden wieder sauber, wenn man die Gläser mit Kartoffelmehl abreibt und anschließend mit einem weichen Lappen abtrocknet.« Und dann ein Tipp, von dem ich hoffe, dass er nicht nur mich, sondern auch meinen Mann erfreuen wird, der so gern unseren Ofen mit den Glastüren befeuert: »Wenn die Scheibe rußig wird, befeuchten Sie ein Haushaltstuch, tupfen Sie es in die Asche und reiben Sie das Glas damit ab. Der Ruß verschwindet im Nu. Ohne Reinigungsmittel, und es kostet nichts.« Plötzlich sehe ich ein: Der Charme dieser Tipps rührt auch daher, dass sie aus einer Zeit stammen, in der alles günstig oder am liebsten gratis zu haben sein sollte. Wer einen guten Rat befolgt, braucht nichts anderes als Aufgeschlossenheit, praktisches Geschick und einfache Hilfsmittel, die idealerweise schon in den heimischen Schränken und Schubladen vorhanden sind. Und weil mich die unzähligen Spezialprodukte in den Supermarktregalen so wütend machen, habe ich mir vorgenommen, »Pirkka-Kniffe« und andere Haushaltstipps von nun an mit größerem Interesse zu lesen. Im besten Fall bringen sie mich zum Lachen.

Tag XXI

Ich bin kompetent, ich putze in einer Traditionslinie Tag 21 an meinem Laptop. Vor dem Zugfenster sehe ich eine sanfte, weiße Landschaft vorbeiziehen, so rein. Dies wäre ein perfekter Tag, um die Teppiche hinauszutragen, sie gemeinsam mit jemandem auszuklopfen, der stärker ist als ich, bis der Schmutz in den Schneewehen haften bleibt, und an seiner Stelle anschließend kleine Schneekristalle und eine Menge kalte Luft ins Haus zu tragen. Aber ich sitze im Zug und schreibe.

•

Ich gebe zu: Ich habe lange versucht, dem Putzen zu entfliehen. Aber wir fliehen oft vor dem, was uns auch dann beschäftigt, wenn wir es uns gar nicht bewusst machen. Ich habe mehrere Jahre lang über Kindheitsschilderungen in der finnlandschwedischen Literatur geforscht, um eine wissenschaftliche Arbeit über die Autorinnen Solveig von Schoultz, Tove Jansson und Renata Wrede zu schreiben, in deren Erzählungen stets neugierige Mädchen im Mittelpunkt stehen. Die Mädchen sind ungezähmt wie die wilde Natur, und ihre Eltern müssen sie entsprechend der gesellschaftlichen Norm von dieser Ungezähmtheit befreien, sie »reinigen«. Mädchen müssen lernen, sich anzupassen.

Ja, ich habe schon über das Putzen geschrieben, als ich über Literatur schrieb.

Ja, ich habe über das Putzen geschrieben, als ich erforschte, wie drei Mädchen im frühen 20. Jahrhundert salonfähig, ordentlich und stumm gemacht wurden.

Ich habe schon lange über das Putzen geschrieben, aber mir ist lange nicht aufgefallen, dass ich teilweise auch über mich schrieb. Hinter den akademischen Formulierungen verbergen sich oft schmerzliche Autobiographien, eine Menge Schmutz und verdrängte Lebenslust.

•

Als ich im September 2012 anfing, über das Putzen zu schreiben, wusste ich noch nicht, dass an meinem alten Arbeitsplatz, Svenska litteratursällskapet, der Schwedischen Literaturgesellschaft, ein wahrer Schatz lag. Im dortigen Archiv für Volkskultur lagerten einundneunzig Berichte finnischer Bürger über das Putzen. Oder wusste ich es doch? Hatte ich vielleicht von dem Material gehört, als ich als Wissenschaftlerin im Haus arbeitete? Waren es dunkle Signale aus meinem Unterbewusstsein, die mich eines Tages untersuchen ließen, welche Ergebnisse der Suchbegriff »Putzen« in diesem gut sortierten Archiv zutage fördern würde?

Die Archivare der Schwedischen Literaturgesellschaft brachten Mappen voller vergilbtem Papier. Briefpapier, kariertes Papier, unterschiedliche Formate mit sehr unterschiedlichen Handschriften, viele davon zittrig, die meisten schön. Einige dieser Berichte, vor allem jene aus Helsinki und Umgebung, waren sorgfältig auf der Schreibmaschine getippt worden. Ein Archivar erzählte mir, dass diese Sammlung einmal die Grundlage für ein großes nordisches Forschungsprojekt über das häusliche Putzen bilden sollte. Die Finanzierung dieses kulturhistorischen Projekts wurde jedoch gekippt, und nur ein kleiner Anteil der finnischen Teilnehmer, 91 an der Zahl, hatte zuvor noch seine Antworten auf die Fragebögen verschickt, die im Nordiska Museet in Stockholm entwickelt worden waren.

Das Material ist wunderbar; es finden sich starke und authentische Stimmen von Menschen, die sich gewählt ausdrücken, und ich genieße diese Art, mit Sprache umzugehen. Aber der eigentliche Inhalt ist natürlich auch faszinierend: Das Leben von einundneunzig Menschen im Miniaturformat. Sie schreiben über Putztraditionen, deren Wurzeln bis weit in die bäuerliche Gesellschaft zurückgehen und die im Jahr der Erhebung, 1991, immer noch gelten.

Während ich lese, wird mir zunehmend deutlich, wie auch ich durch meine Mutter und die Arbeit ihrer Hände in einem sehr, sehr langen Kontinuum lebe. Die Einsicht darüber, wie gegenwärtig frühere Generationen sind und wie sie in unseren verinnerlichten Handlungen weiterleben, gewinnt vermutlich nur ein Mensch mittleren Alters, so wie ich. Inzwischen habe ich mehr Zeit und eine größere Neugier, zurückzusehen und mein Leben zu reflektieren, anstatt einfach hindurchzurasen und zu versuchen, mich, meine Arbeit, meine Familie irgendwie unter einen Hut zu bringen.

•

Die Sozialgeschichte des Putzens in Finnland hat natürlich eine größere Dimension, als ich sie in diesen Aufzeichnungen des einundzwanzigsten Tages erfassen kann, aber ich weiß für mich: Ich habe eine Herde gefunden, zu der ich mich gesellen kann, um meine eigene Sicht auf die Dinge zu erweitern. Die Geschichten dieser Menschen und wie sie sich in ihrem Heim bewegen, leben auch in meinen Bewegungen, in meinem Heim weiter.

Nachdem ich die einundneunzig Texte gelesen habe, sind mir besonders drei Begriffe haften geblieben. Der wichtigste Begriff lautet *Kompetenz.* Die Verfasser verwenden ihn zwar nicht selbst, aber er fasst die Haltung zusammen, die all diese Texte vermitteln. Die achtzig Frauen und elf Männer, die hier ihr eigenes Putzverhalten protokollieren, schreiben nämlich mit einem großen Selbstvertrauen. Sie wissen, wovon sie schreiben und sie wissen, welche Abläufe in ihrem Zuhause am reibungslosesten funktionieren. Eine solche Sicherheit nennt man heutzutage Kompetenz.

Viele der Protokollantinnen und Protokollanten hatten eine einjährige Hauswirtschaftsausbildung abgeschlossen oder Kurse des Martha-Verbands besucht. Sie lernten unter anderem Putztechniken, Grundlagen des Wirtschaftens und der Erziehung. Diese neu erworbene breite Kompetenz zeigt sich auch in einer kritischen Haltung gegenüber den vielen Versprechungen der Werbung in Form von immer neuen Wasch- und Putzmitteln. Zwar sind die Teilnehmer der Studie neugierige Konsumenten, die gern Neues ausprobieren. Aber sie machen in ihren Berichten deutlich, dass sie sich nicht so leicht hinters Licht führen lassen. Das Universalmittel »Spic and Span« hatten viele getestet, für mangelhaft befunden und abgelehnt. Das tun kompetente Menschen.

1933 wurde das legendäre Putzmittel von zwei patenten Hausfrauen erfunden. Mittels Youtube kann man sich auf eine schnelle Reise durch die Zeit mit ihren unterschiedlichen Frauenidealen begeben – welches erscheint am verlockendsten? Hier findet man alles, von der bodenschrubbenden Hausfrau anno 1960 bis hin zu einer Werbung aus dem Jahr 1990 mit einer Frau, die gerade von der Arbeit nach Hause gekommen ist. Sie sitzt in einem weißen Blazer in der Küche, während sie eine verführerische Kopfbewegung macht und sagt: »You may think I'm crazy, but I *like* cleaning.« Sie ist schlichtweg souverän, sowohl in der Küche als auch in ihrem Job, das verstehe ich spätestens, wenn sie sagt: »This isn't my whole life, but it is *my* clean kitchen.«

Ich heule vor Neid, ich wäre auch gern so souverän. Und attraktiv.

•

Der zweite Begriff, der immer wieder auftaucht, ist *Scham.* Die Angst, jemand könnte sehen, dass zu Hause Unordnung herrscht, zieht sich wie ein roter Faden durch die Protokolle.

Vermutlich werden wir diesen Zusammenhang zwischen Putzen und Scham nie ganz los, aber die Scham, die den Frauen früher Herzrasen verursachte, lässt sich heute besser kontrollieren, weil unser Zuhause zu einem fast privaten Raum geworden ist. In früheren Zeiten war das eigene Heim für Frauen immer auch ein Ort der Begegnung, weil Vereine ihre Treffen oft in Privathaushalten abhielten. Näh- und Missionsvereine und Bibelkreise schufen einen eigenen Rhythmus für den Großputz. Heute lebt dieser halböffentliche Status des eigenen Heims teilweise wieder auf, weil manche Firmen ihre Produkte mithilfe von häuslichen Verkaufspartys vertreiben. Ich finde diese Treffen, bei denen sich Frauen gegenseitig Küchenzubehör, Kinderkleidung, Unterwäsche, Duftkerzen oder Make-up abkaufen, ein bisschen traurig. Die gegenseitigen Besuche sollten stattfinden dürfen, ohne dass die eine Freundin Geld ins Haus der anderen trägt und umgekehrt. Überhaupt ist alles, was das Risiko erhöht, dass wir uns über Schmutzflecken, unsortierte Wäscheberge oder eine schmutzige Küche schämen, eine Pest. Und Popup-Läden im Wohnzimmer sind die Cholera.

•

Der dritte Begriff, der hervorsticht, ist *Wonne*. Lange war das Putzen eine Last, die den Frauen von außen auferlegt wurde und die nichts damit zu tun hatte, wie sauber oder schmutzig es in den eigenen Ecken und Winkeln wirklich war. Aber der Frust, den das verordnete Putzen verursachen konnte, wurde bei vielen der Studienteilnehmer durch etwas weit Wichtigeres verdrängt: die Gewissheit, dass Putzen allgemein für ein wohliges Gefühl sorgt.

Viele der Texte finden schöne Bilder und Worte für die Empfindung, die sich einstellt, wenn das Putzen abgeschlossen ist, wenn die Hausfrau ihr frischgeputztes Heim mit allen Sinnen wahrnimmt, wenn die saubere Decke knitterfrei auf dem Tisch liegt und genau in der Mitte eine Topfpflanze oder ein frischer Blumenstrauß steht. Es ist der Moment, in dem es sich die Hausfrau mit einer Tasse Kaffee gemütlich macht, um das Ergebnis der körperlichen Arbeit zu genießen. Es ist ein Glücksmoment. Sie hat ein Programm absolviert, sie weiß, dass sie alles geschafft hat, was sie sich vorgenommen hatte, sie hat ihren inneren Widerstand überwunden. Sie hat sich ihre Kompetenz zunutze gemacht.

In einem der Texte finde ich einen Begriff für dieses spezielle Glücksgefühl, der Bodil Jönssons Bezeichnung »Rüstzeit« ergänzt – die Zeit, in der wir alle möglichen Ausweichmanöver erfinden, um eine schwierige Arbeitsaufgabe vor uns herzuschieben. Das Gefühl, das sich einstellt, wenn die Arbeit beendet ist, das Gefühl eines frischgeputzten Heims, wird hier als »Nachwonne« bezeichnet. Nachwonne. Das erinnert ein bisschen an das finnische Wort »jälkilöyly«, die

Phase des Saunierens, wenn die scharfe Hitze einer milden, feuchten Nachwärme gewichen ist, die einen umhüllt und einen bis in die Zehenspitzen hinein entspannen lässt. Es ist der Moment, wenn man den Ofen ausstellt, kurz bevor man sich das Haar wäscht und in den Bademantel schlüpft. Man hat keine Eile damit, aus der Nachwärme zu treten, sie ist so angenehm.

•

Nachwonne.

Tag XXII

Ich finde Antworten und Putzinnovationen Ich habe mich oft gefragt, wie man in der bäuerlichen Gesellschaft die Großküche sauber hielt, diesen Allzweckraum, in dem viele verschiedene Arbeiten ausgeführt wurden, von Frauen wie Männern, besonders im Winter. Verschiedenste Materialien wirbelten umher und vermischten sich. Frauen bedienten Webstühle und schnitten Teppichflicken, sie kardierten und spannen Wolle zu Garn, kochten und buken. Die Männer stellten Fischfanggerät und Fahrgeschirr her oder reparierten es. Die Milchzentrifuge hatte ihren festen Platz, und der Holzkorb musste jeden Tag aufgefüllt werden, wobei Späne und Borkenreste auf den Boden rieselten. Gleichzeitig war die Wohnküche ein Ort voll von Gerüchen, die sich miteinander vermengten. Hier mischten sich die Gerüche der Arbeitskleidung aus dem Schuppen oder Stall, von Viehborsten und Mistresten, die unter den Sohlen klebten. Und wer mit Menschen zusammengelebt hat, die mit Netz, Pilker oder Langleine fischten, erinnert sich ein Leben lang an den Fischgeruch; er ist süßlich, salzig und schwer zugleich. Einen Raum zu putzen, wo so viele Materialien und Gerüche zusammenkamen, muss Schwerstarbeit gewesen sein. Andererseits waren die Ansprüche an die Sauberkeit nicht so hoch wie heute, und das Putzen hatte sich noch nicht zu einer sozialen Ingenieurkunst entwickelt.

In den Berichten aus dem Archiv für Volkskultur lese ich neugierig über eine Zeit, als es noch keine Staubsauger und Putzmittel gab.

Wie man wohl damals den Fußboden reinigte, die Fläche, auf der alles landete? Es war ungefähr so: Die Böden bestanden aus unbehandelten Dielen mit einer porösen Oberfläche, die Schmutzpartikel leicht aufnahm. Während des Großputzes mussten die Hausherrin, die Mägde und Töchter jedoch eine Oberfläche zutage bringen, die nahezu weiß war. Um das zu erreichen, scheuerte man das Holz mit einer Mischung aus feinem Sand und Wasser. Diese Arbeit erforderte viel Muskelkraft. Für das tägliche Säubern des Bodens verwendete man Besen aus Heidekraut, Wacholderreisig oder dem Reisig der schwarzen Krähenbeere (deren Äste, wie viele wissen werden, am zähsten und haltbarsten sind).

Die Dielen nach dem Scheuern sauber zu spülen war ebenfalls nicht leicht. Oft hatte der Boden eine Neigung, damit das Schmutzwasser zum Abfluss laufen konnte. Anderswo wurde es mit dem Lappen aufgewischt. Man konnte das Wasser auch mit einer Bürste aus Fichtenreisig auf eine Schaufel schieben, die anschließend in einen Eimer entleert wurde. Diese Methode klingt besonders unpraktisch, auch weil das Schmutzwasser sehr schnell vom Boden entfernt werden musste, damit es nicht zwischen den Dielenfugen hindurch in den Keller sickerte.

Zur Winterzeit schien der Großputz anders und weniger anstrengend gewesen zu sein. Dann wurden die langen Flickenteppiche so auf dem Boden ausgebreitet, dass sie an den Kanten überlappten. Auf diese Weise verhinderte man, dass der Schmutz in das Dielenholz eindrang und es zerschliss, und der Boden musste nicht so oft gereinigt werden. Gleichzeitig dienten die überlappenden Teppiche auch als Isolierung gegen die kalte Luft, die aus dem Fundament oder dem Keller heraufdrang. Hier oben im Norden musste mit allen Raffinessen gearbeitet werden, um die Kälte abzuhalten. Flickenteppiche sind ein gutes Isoliermaterial.

•

Penicillin gilt als eine der größten Errungenschaften des 20. Jahrhunderts. Aber aus der Mikroperspektive des häuslichen Putzens betrachtet, sind die Meilensteine ganz andere. Meine Jury aus dem Archiv wählte mit Abstand den Korkfußboden zur größten Errungenschaft des 20. Jahrhunderts. Vorher war das Putzleben anstrengender und unpraktischer, nachher angenehmer. So leicht zu wischen – großartig! Der Lappen glitt über die glatte Oberfläche, und das Wort Glanz erhielt eine ganz neue Dimension. Der einzige Nachteil des Korkbodens war, dass man ihn hin und wieder bohnern musste, einige Protokollanten hielten das aber für überflüssig.

Auf Platz zwei der Liste landeten Spül- und Waschmittel. Vor der Erfindung des Spülmittels konnte das Geschirrspülen schmerzhaft sein, wenngleich es sehr umweltfreundlich war. Aus den Hähnen kam noch kein heißes Wasser, das Spülwasser wurde auf dem Holzofen erhitzt. Und es musste sehr heiß sein, weil es damals noch keine fettlösenden Mittel gab. Nach dieser groben Behandlung von Händen, Besteck, Tellern, Gläsern und Töpfen, war das Spülwasser zu einer nahrhaften Brühe für das Schweinefutter geworden, mit dem es später vermischt und in den Stall getragen wurde.

Das Waschmittel und die Waschmaschinen wiederum beendeten das qualvolle Waschen in holzbefeuerten Kesseln und das anschließende Spülen im See, Fluss oder Meer – wo das Wasser im Winter natürlich eiskalt war. Das Waschbrett wurde erfunden und machte eine Wandlung durch. Welch eine Erleichterung, die Wäsche nicht mehr gegen eine Holzoberfläche reiben zu müssen. Die glatte Blechplatte, die irgendwann auf dem Holz angebracht wurde, war so viel besser. Und erst die Waschbretter aus Glas – was für einen Schwung sie verliehen!

Den vierten Platz in der Liste der Innovationen nahm ganz selbstverständlich der Staubsauger ein.

Welche Namen die Produktentwickler im Lauf der Jahrzehnte für die unterschiedlichen Geräte fanden, ist ein Kapitel für sich und könnte Gegenstand einer eigenen Untersuchung sein. Was haben die Marketingmenschen sich beispielsweise dabei gedacht, als sie einem Staubsauger den Namen Vampyr 6006 Electronic gaben? Natürlich eint die Saugkraft Staubsauger und Vampire, aber wie lässt sich die Tatsache, dass Vampire saugen, um zu töten, mit den friedlicheren Eigenschaften eines Staubsaugers vereinbaren? Ich bin mir auch nicht

FLECK
WEG

sicher, ob ich den Sinn hinter dem recht neuen Produktnamen Harry verstanden habe, von dem es heißt, er habe »cheerful manners« (!). Ein Männername für einen roten, rundlichen Staubsauger, der noch dazu mit einem lachenden Gesicht versehen wurde und angeblich ein fröhliches Gemüt hat – sollen damit die Männer animiert werden, auch einmal zum Staubsauger zu greifen? Oder sollen wir Frauen uns vorstellen, dass wir unseren »Harry« fest im Griff haben? (Können Putzgeräte sexuelle Assoziationen wecken?)

Meine Fragen gehen weiter: Muss alles, von Haushaltsmaschinen bis hin zu Haustieren, vermenschlicht werden? Haben wir wirklich so wenig Geduld und Verständnis für Dinge und Geschöpfe, die anders sind als wir? Muss denn alles nett und niedlich sein? Müssen kleine Hunde im Winter Schuhe anziehen und in karierten Schultertaschen umhergetragen werden? Die Welt ist natürlich, schmutzig und ungerecht, das sollte man weder vergessen noch kaschieren.

•

Auch das Fensterputzen ist mit den Jahren einfacher geworden. Ich hatte mir nie Gedanken darüber gemacht, aber jetzt weiß ich, dass die Fenster noch bis weit ins 20. Jahrhundert hinein nach außen geöffnet wurden, es war natürlich lebensgefährlich, sie zu reinigen. »Das Fensterputzen war ein Kapitel für sich«, heißt es in einem der Protokolle. »Noch heute schaudere ich, wenn ich mich erinnere, wie meine Mutter und unsere Putzhilfe mit dem Rücken zur Straße auf dem Fensterbrett standen und sich mit dem einen Arm festhielten und hinausbeugten, um den oberen Teil des Fensters von außen zu erreichen – im vierten Stock!!!!! Wie furchtbar … Und was für ein Fortschritt, dass inzwischen alle Fenster nach innen zu öffnen sind!«

Dieser Mann ist nicht der Einzige, der von der Fensterbrettakrobatik traumatisiert wurde. Auch meine Familie ist jedes Mal entsetzt, wenn ich mich mit vielen Verrenkungen daran mache, die Fenster von außen zu putzen. Aber meine Verrenkungen rühren nicht daher, dass sich die Fenster nur nach außen öffnen ließen. Sie lassen sich kaum mehr öffnen, weil ich sie mit so vielen Fetzen von alten Bettlaken abgedichtet habe. Die alten Fenster in dem Haus aus den Zwanzigerjahren wurden durch standardisierte, fabrikgefertigte

Fenster ersetzt, die nicht richtig in die alten Maueröffnungen passen. Das Zimmer geht nach Südwesten, woher der Wind in Südfinnland am häufigsten bläst, sodass es im Wohnzimmer schrecklich zieht. Das, in Kombination mit einer Außentemperatur von Minus zehn Grad, veranlasste mich dazu, ein ausgedientes altes Baumwolllaken zu zerreißen und mehrere Meter von diesen Stoffstreifen in die Lücken rund um das Fenster zu stopfen. Deshalb öffne ich zum Fensterputzen einfach eine Fensterhälfte und balanciere dann mit dem Lappen in der Hand auf dem Fensterbrett.

Früher hat man zwischen Winter- und Sommerfenstern gewechselt. Beim Großputz im Frühling hat man die Innenfenster herausgenommen und sie im Herbst wieder eingesetzt. Diese Tage markierten den Übergang von Frühjahr zu Sommer und von Sommer zu Herbst, ein Willkommen oder ein Abschied. Inzwischen haben Doppelglasfenster die alten doppelten Fenster abgelöst. Und damit ist ein Rahmen für schlichte Schönheit verloren gegangen. Im Winter bildete sich zwischen den Fenstern Kondenswasser, die Kälte ließ die Fenster beschlagen, und es bildeten sich die schönsten Muster aus Eiskristallen auf den Scheiben. Lebendige Bilder, die – wie auch die Welt dahinter – jeden Morgen anders aussahen.

Als ich Sofi Oksanens 2008 erschienenen und zurecht gefeierten Roman *Fegefeuer* las, fesselte mich nicht nur ihre Schilderung der Geschichte Estlands, die gleichzeitig die Beschreibung der Geschichte von Gewalt gegen Frauen war, sondern auch ihre Beschreibungen des Alltags der Frauen, jenseits der Brutalität. Oksanen erklärt anschaulich, wie Kräutermedizin und andere Heilmittel zubereitet und konserviert wurden. Ihr Text ist ein dichtes Gewebe, in dem jedes Detail zu einer intensiven Atmosphäre widersprüchlicher Kräfte beiträgt; Grausamkeit und Alltäglichkeit liegen oft dicht beieinander.

Von Sofi Oksanen habe ich einiges über Fenster im Winter gelernt. Wenn es in der Hütte zieht, sollte man im Herbst kleine Schalen mit Reiskörnern zwischen die Außen- und Innenfenster stellen. Dann saugt der Reis die lästige Feuchtigkeit auf, die sonst eine undurchsichtige Eisschicht bilden würde. Aber bei mir zu Hause hat dieser Reistrick nicht sonderlich gut funktioniert, obwohl ich die Reiskörner sogar in Eierkartons geschüttet habe, die die Feuchtigkeit normalerweise gut aufsaugen. Ein schlechter Tipp. Oder ich mache etwas falsch.

Wäre ich schlau genug gewesen, früher ins Archiv der Volkskultur zu gehen (oder öfter *Pirkka* oder *Hemmets Journal* zu lesen), wäre ich auf andere, bessere Ratschläge gestoßen. Zum Beispiel kann man eine mit Watte überzogene Papprolle zwischen die Fenster legen oder eine Schachtel mit Streichhölzern, denn Schwefel absorbiert Feuchtigkeit.

Allmählich erinnere ich mich auch an ein anderes Bild: An Fenster, die durch kunstvolle Miniaturlandschaften, zwischen Außen- und Innenfenster, winterfest wurden. Die Landschaften bestanden nämlich aus Materialien, die die Feuchtigkeit banden: Strohblumen, Watte, Moos und Äste. Zusammen mit einem kleinen Porzellantier, einem Engel oder einem Weihnachtsmann erfreute es sowohl die, die draußen in der Kälte standen, als auch die, die drinnen im Warmen saßen.

Unser schöpferisches Talent und unsere Freude an Schönem sind unbegrenzt und scheinen sich besonders in schweren Zeiten zu entfalten.

Klebe- und Schaumstoffstreifen sorgten dafür, dass unsere Fenster allmählich dichter wurden, brachten aber auch die Miniaturlandschaften zum Verschwinden. Heute sieht man höchstens einmal bunte kleine Glasflaschen zwischen den Fenstern, aber was ist das schon verglichen mit Landschaften aus Watte und Stroh?

•

Im Archiv stoße ich auch auf einen Hinweis zu beschichtetem, leicht abwaschbarem Schrankpapier. Zu der gleichen Kategorie der nahezu ausgestorbenen Küchenaccessoires zählen die Schrankspitzen. Spitzenborten aus Papier ersetzten später die handgehäkelten Bordüren, die gewaschen und gestärkt werden mussten – auch das ein Fortschritt. Inzwischen werden die etwas altmodischen Spitzen anscheinend nur noch in China hergestellt, vor einigen Jahren entdeckte ich einige Rollen im Krimskramsladen Tiimari. In unserem Häuschen in Hanko sehen sie sehr hübsch aus.

•

Doch früher war nicht alles schöner. Ein 1913 geborener Protokollant beschreibt seine Mutter als nervenaufreibende Putzbesessene. Aber er sieht auch ein, dass sie in Notwehr handelte, denn sie führte einen Kampf gegen einen allgegenwärtigen und tödlichen Feind. Der Familienvater war Bahnhofsvorsteher, und seine Dienstwohnung lag direkt über der schmutzigen Wartehalle. »Wanzen und Kakerlaken kletterten von der Wartehalle hinauf, was dazu führte, dass meine Mutter fast ununterbrochen putzte. Sie hatte große Angst vor ansteckenden Krankheiten und hörte nicht auf die Proteste der Familie gegen das Putzen, denn sie ›rettete uns das Leben‹.« Diese Erinnerung ist eindrücklich: Ich glaube, jede Mutter würde wie verrückt putzen, wenn sie nur so das Leben ihrer Kinder schützen könnte.

•

Das Statussymbol einer Gesellschaft, die Schmutz und Schädling überwunden hat, ist der Teppichboden. An ihn erinnern sich viele Protokollanten. Er ist ein seltsames Phänomen. Aber es ist leicht nachvollziehbar, warum der Teppichboden so beliebt wurde. Er war billig, weil synthetische Rohstoffe billig waren. Er war ein Symbol des neuen modernen Lebens, in dem sich der Mensch vom Bodenscheuern und Teppichklopfen freigemacht hatte. Alles, was man brauchte, waren ein guter Staubsauger und geschickte Staubsaugervertreter – ein Beruf, der vermutlich auch bald ausstirbt. Die Geschichte der Auslegeware war allerdings eine sehr kurze, und nichts ist inzwischen im Haushalt so in Misskredit geraten wie der Teppichboden. Er ist ganz einfach zum Synonym für »schmutziger Bakterienherd« geworden. Nachdem man ihn aus der Wohnung verbannt hatte, feierte das mehr oder weniger echte Parkett (und mit ihm der Wischmopp) ein triumphales Comeback.

Obwohl sich viele Putznormen inzwischen gelockert haben, gibt es in Finnland immer noch eine uralte Tradition, die wir nicht abschaffen wollen und die auch die kurze Blütezeit des Teppichbodens überlebt hat: Die Teppichwäsche im Sommer. Sie sollte idealerweise vor Mittsommer erfolgen, weil sich zu dieser Zeit nachts noch kein Tau bildet. Aber natürlich ist es auch in Ordnung, die Teppichwäsche in die Ferienzeit im Juli und August zu legen.

In den Wintermonaten war es früher eine schwere Arbeit, die Teppiche hinauszutragen und sie in den frischen Schneewehen einer kurzen Reinigung zu unterziehen. Oft waren die Teppiche sechs bis sieben Meter lang, und man musste zu zweit sein, um sie gegen den pulvrigen Schnee zu schlagen oder in der Kälte auszuklopfen. (Achtung! Flickenteppiche müssen ausgeklopft werden, solange sie noch trocken und warm sind, dann löst sich der Staub. Wartet man zu lange, ist die Mühe umsonst, denn dann hat sich der Staub bereits in den erkalteten Fasern festgebissen.)

Im Sommer wird das Teppichwaschen dagegen bis heute von einer fast karnevalesken Leichtigkeit begleitet. Alle entledigen sich ihrer sozialen Erkennungsmerkmale und treten in zerschlissenen Shorts auf die Teppichwaschstege. Alle tragen die gleichen Plastikeimer, Flaschen mit Tannenseife und Wurzelbürsten. Alle arbeiten und schrubben, kommentieren aber zwischendurch äußere Umstände wie das Wetter, vorbeifahrende Motorboote oder vorbeiziehende Touristengruppen. Eine ausgewogene Mischung aus einsilbigem finnischen Beisammensein und Meditation bei monotonen Bewegungen. Außerdem scheint genau dieses Putzritual ausnahmsweise geschlechterübergreifend zu sein. Die Männer lassen ihre Muskeln spielen, heben volle Wassereimer und schrubben genauso professionell wie die Frauen.

Für die Finnen ist die Teppichwäsche auch ein starker – und nunmehr aus ökologischen Gründen verpönter – Ausdruck für ihre Küstenidentität. Einer der Protokollanten fasst es so zusammen: »Die Teppiche müssen im Salzwasser gewaschen werden, denn im Süßwasser können sie ihre Farbe verlieren und hässlich werden.« Auch Filifjonka aus dem Mumintal weiß das. In der Erzählung »Die Filifjonka, die an Katastrophen glaubte« aus *Die Mumins – Geschichten aus dem Mumintal* bekommt sie Besuch von der Gafsa, mit der sie nicht viel anfangen kann. Deshalb unterhält sie sich mit ihr über ein Thema, bei dem man nichts falsch machen kann – die Teppichwäsche: »Ja, das Meerwasser soll ja angeblich gut für Teppiche sein. (…) Die Farben laufen nicht aus und hinterher duftet es so frisch …« Angesichts der unumstößlichen Tatsache, dass man Salzwasser braucht, um die Farben zum Leuchten zu bringen und den Teppich duften zu lassen, sind die ökologischen Teppichwaschstationen, die die Kommunen an Land gebaut haben, ein ziemlich armseliger Ersatz. Das Wasser und der Wind haben den falschen Geruch, und wir stehen im Schatten unter den großen Bäumen und schlagen uns mit den Mücken herum. Außerdem hegen wir die ganze Zeit den bitteren Verdacht, dass sich die Teppiche nicht richtig sauber anfühlen werden, wenn wir sie im Herbst wieder in unserer Wohnung ausrollen. Der Duft des sommerlichen Wassers ist das beste Parfüm. Dabei entspringen die Düfte vielleicht eher unserem Gedächtnis als dem, was vom Boden aufsteigt. Der Geruchssinn erzeugt die klarsten Erinnerungen. Wir sind schlichte Wesen.

•

Die Geschichte des Putzens war – natürlich – eine weibliche Geschichte. Die außerhäusigen Aufgaben waren den Männern zugeteilt, die häuslichen den Frauen. So war es in der bäuerlichen Gesellschaft, und der urbanen Gesellschaft ist es schwergefallen, diese Arbeitsteilung einfach über Bord zu werfen. All das Wissen, das Mädchen in sich aufgenommen haben – das ich aufgenommen habe – wurde uns von den Müttern als Überlebensgeschenk mitgegeben, ungeschrieben, überliefert nur durch Gesten. Ein solches Wissen sitzt tief, und deshalb haben viele von uns ein schlechtes Gewissen, weil wir das mit dem Putzen nicht so hinkriegen. Und irgendwann werden wir alt und auf eine Hilfe im Haushalt angewiesen sein. Dann kommt das nächste Problem, denn wir sollten uns dankbar zeigen. Aber eine griesgrämige Unzufriedenheit über die mangelhafte, nicht mehr selbst zu bewältigende Reinigung untergräbt die Dankbarkeit. Und richtig traurig wird es, wenn man bedenkt, wie schnell und herzlos diese Haushaltshilfen ausgetauscht werden. Wie wird die Situation sein, wenn ich siebenundachtzig Jahre alt bin und nicht mehr länger den Besen schwingen will?

•

Die knappste und schönste Zusammenfassung davon, wie Mutters Regeln die Bewegungen unserer Hände bestimmen, finde ich ebenfalls im Archiv, und sie lautet so:

Niemals ein noch warmes Bett machen.
Niemals etwas Nasses oder Feuchtes in einen Schrank legen.
Niemals einen Teppich auf einen frischgewischten Boden legen, bevor er nicht ganz trocken ist.

Mit einfachen Regeln, die einem in Fleisch und Blut übergehen, wird das Leben ein bisschen leichter. Daran glaube ich, auch wenn ich selbst nicht so gut darin bin, mich an Regeln zu halten. Regeln und Rituale können eine sanfte Ruhe in den Alltag bringen. Aber wenn sie zu streng werden, besteht natürlich auch die Gefahr, dass man die kleinen Überraschungen des Lebens verpasst, die einen so glücklich machen können. Ein älterer Mann berichtet von seiner Frau, die so pedantisch war, dass die Kinder gar nicht wussten, was Staub ist, sie hatten so etwas noch nie gesehen. Er schreibt: »Muss vorwegnehmen, dass das Putzen hier in Tampere von meiner Frau Pirkko stets zu meiner vollsten Zufriedenheit erledigt wurde. Selbst unsere Kinder sind so frei von Staub und Schmutz aufgewachsen, dass sie vor Glück aufschrien, als sie eines Tages eine kleine Staubmaus im Schrank entdeckten. ›Mama, Mama, komm und schau, was wir gefunden haben!‹« Staubmäuse als exotische Tiere im Schrank – wie gesagt: Das Glück der kleinen Überraschungen sollte man nicht unterschätzen.

Tag XXIII

Ich putze, ohne pedantisch zu sein Beim Lesen der Protokolle fiel mir auf, dass viele gleich eingangs der Studie betonen müssen, dass sie auf keinen Fall einen Putzfimmel haben.

Ich weiß nicht, wie sich diese Furcht in die Berichte der Frauen eingeschlichen hat, aber sie ist vorhanden. Es scheint ungeschriebene Gesetze darüber zu geben, wie viel eine Frau mindestens putzen sollte, putzt sie mehr, gilt sie als putzbesessen. Warum müssen diese Frauen betonen, dass sie nicht unter einer Putzneurose leiden? Warum? Sie erzählen mit natürlicher Autorität von den Abläufen des Alltags, von den Dingen, die sie beherrschen und zu Hause mehr oder weniger gern erledigen. Aber gleichzeitig schildern sie facettenreich die drohende Manie. »Ich putze, ohne pedantisch zu sein«, ist die Kernaussage, und das klingt dann so:

Normale Menschen sind nicht pedantisch, perfektionistisch oder rigoros.
Normale Menschen haben keinen Putzfimmel.
Das Haus darf nicht aussehen wie eine Puppenstube.
Die Teppichfransen bitte nicht in eine Richtung kämmen.

Es gibt Menschen, die eine Putzhölle erzeugen, weil sie den Staub mit der Lupe jagen.
Übermäßiges Putzen kann eine Ehe zerstören.
Menschen, die immerzu putzen, erzeugen Unbehagen.

Ein so großes Bedürfnis, normal zu sein, und so viel Angst – denn putzen kann ja tatsächlich wahnsinnige und unkontrollierte Ausmaße annehmen.

•

Ich glaube nicht, dass es in Finnland auch nur eine einzige Frau gibt, die zugeben würde, dass sie sich mit der Filifjonka identifiziert, die unter Putzwahn und Spinnenphobie leidet. Die Muminmama ist ein willkommenes Vorbild; sie putzt nicht, ist kreativ, manchmal auch ein bisschen melancholisch. Die Filifjonka dagegen ist unsympathisch, weil sie ständig krankhaft zu putzen scheint. Einen kurzen Moment der Befreiung erlebt sie in der bereits erwähnten Erzählung »Die Filifjonka, die an Katastrophen glaubt« aus der Sammlung *Die Mumins – Geschichten aus dem Mumintal* von 1962, aber im Jahr 1971, als *Herbst im Mumintal* erscheint, ist sie wieder beim zwanghaften Putzen angekommen. Aber natürlich hat Filifjonka unser Mitgefühl, wenn sie in ihrem Putzeifer auf die falsche Fensterseite im zweiten Stock des Muminhauses gerät. Beschwörend flüstert sie: »…ich will nie mehr sauber machen, ich mache viel zu viel sauber, ich bin pedantisch …. Ich will etwas ganz anderes werden als eine Filifjonka.«

Das Ende von *Herbst im Mumintal* gehört zu meinen Lieblingsszenen der Sammlung. In Abwesenheit der verreisten Muminfamilie hat die Filifjonka alle anderen Gäste dazu gebracht, zusammen das Muminhaus zu putzen. Nach der gemeinsamen Putzaktion sitzen sie schließlich auf der Treppe vor dem Windfang, verschnaufen und werden von der beruhigenden Einsicht erfasst, dass sich keiner von ihnen ändern wird. Und mit dieser Einsicht sind sie zufrieden, man muss es nur mit sich selbst aushalten, wenn sich der Trübsinn in der Seele breitgemacht hat. Auch die Filifjonka ist gelassen, denn sie hat ihren Putzfimmel in den Griff bekommen und ihre Einsamkeit überwunden.

Aber ein echter Putzwahn endet selten so glücklich wie in *Herbst im Mumintal.* Den Preis für das zwanghafte Bedürfnis nach Ordnung und absoluter Reinheit bezahlen oft die Ehepartner und Kinder. Die erwachsenen Kinder wissen, woher dieser ewige Zwang zum Putzen kommt, aber sie können sich nicht immer davon lösen.

•

Manchmal kann auch Putzneurotiker sein, wer gar nicht selbst putzt, sondern andere dazu zwingt. Eine Form häuslicher Gewalt, die nicht als Körperverletzung geahndet werden kann. Eine meiner Freundinnen, eine wunderbar herzliche und großzügige Frau, erzählte mir einmal auf einer langen Autofahrt von dem Leben, das sie früher einmal geführt hatte, ein Leben, als sie noch ein Vogel im Käfig war. Sie heiratete jung und wurde bald zu einer Vollzeitputzkraft in ihrem eigenen Heim, weil sie mit einem Mann verheiratet war, der sie mit seinen Vorstellungen von Sauberkeit tyrannisierte. Sie umklammerte das Lenkrad, ich umklammerte mein Herz, weil die Geschichte so schmerzlich war. Später schrieb sie einige ihrer Erinnerungen auf und schickte sie mir. So erinnert sie sich:

•

Wir zogen nach Myllypuro um. Wir hatten einen grauen Korkfußboden, wehe, es war auch nur ein einziger Kratzer oder Schmutzfleck darauf zu sehen! Die Kinder und ich wagten es kaum, den Boden zu betreten. Ich putzte und bohnerte ihn mit Wachs. Wir brauchten unseren häuslichen Frieden.

•

Er öffnete die Küchenschränke und schrie, dass keine Ordnung unter den Lebensmittelpackungen mit Mehl, Rosinen usw. herrsche. Sie sollten in geraden Reihen stehen.

•

Wenn wir im Sommerhaus waren, lief er tagelang umher und hob alle Zapfen, Nadeln und Zweige auf, die auf dem Hof und den angrenzenden Wegen lagen. Nicht ein winziges Stöckchen durfte zu sehen sein.

PUTZ
NEU
GLANZ
ER
S

Meine Tochter studierte und kam nur am Wochenende nach Hause. Früh am Samstagmorgen schlich er sich in ihr Zimmer. Sie wachte davon auf, dass er auf dem Boden entlangkroch und alle Fusseln aufsammelte, die er auf dem Fußboden entdecken konnte.

•

Wenn wir vom Sommerhaus zurückfuhren, mussten wir unsere Schuhe vor dem Wagen stehen lassen, um den Boden des Autos nicht zu beschmutzen. Die Schuhe warf er uns zu, nachdem er sie gründlich von Sand und Erde gesäubert hatte.

•

An Heiligabend durfte nicht eine einzige Tannenbaumnadel auf dem Boden liegen. Wenn ich den Tisch mit unserem traditionellen Festbüffet deckte, machte ich immer irgendetwas falsch. Dann war Weihnachten wieder einmal im Eimer.

Diese Ereignisse liegen weit zurück. Meine Freundin lebt schon lange ein neues Leben in einem anderen Heim, das so schön ist wie kein zweites, und zusammen mit einem Mann, der blind ist gegenüber allem, was kleiner ist als Bücher und Singvögel. Dennoch seufzt sie noch immer und erschaudert, wenn sie an früher zurückdenkt.

•

Aber nun wieder zurück zu meiner Archiv-Arbeit. Die Grenze zwischen dem eigenen Zuhause und dem der anderen ist eine komplizierte Grauzone. Ende der Sechzigerjahre muss das oft für Verwirrung gesorgt haben. Es ist die Epoche, in der in allen Städten neuer Wohnraum geschaffen wurde. Damals wurden in schnellem Takt lange Wohnblöcke mit drei bis vier, manchmal auch mehr Stockwerken errichtet. Zweiundsiebzig Prozent aller finnischen Häuser wurden nach 1945 gebaut. Meistens kauften die Bewohner ihre Wohnungen in den neugebauten Häusern, weil sie als gute Zukunftsinvestition galten. Aber es gab auch gemeinschaftlich genutzte Areale. Natürlich war diese Wohnform in den großen Städten nicht neu, aber in dieser Phase ging alles sehr schnell. Zehntausende Finnen verließen ihre

Bauernhöfe; die Umstellung auf das Leben in einem Mehrfamilienhaus kann nicht leicht gewesen sein. Die Wandergeschichten über die Familien, die aus der finnischen Einöde kamen und glaubten, der Küchenherd wäre ein Saunaofen, und Wasser über die Kochplatten schütteten, sind wohl hinreichend erzählt worden.

Solange das Lüften von Teppichen und Betten noch zur wöchentlichen Routine gehörte, musste man natürlich die Regeln der Hausverwaltung befolgen, denn die Putzbalkone durften nur zu bestimmten Zeiten genutzt werden. Diese Beschränkungen waren vernünftig, denn so wussten die Bewohner, wann sie ihre Fenster geschlossen halten mussten, damit der Staub nicht in ihre Wohnungen rieselte, um anschließend auf den eigenen Teppichen ins Freie getragen zu werden. Aber in den Zeiten des ritualisierten Wochenputzes herrschte ein erbitterter Kampf darum, wer mit seinen Teppichen zuerst draußen war. Da konnte schon einmal jemand die Geduld verlieren, auf alle Regeln pfeifen und die Teppiche auf seinem eigenen Balkon ausschütteln.

Im Archiv für Volkskultur gibt es einen skurrilen Putzbericht, der 127 maschinengeschriebene Seiten und weitere 50 Seiten Bildmaterial umfasst. Er stammt von einem Mann und ist das lückenlose Porträt eines Putzneurotikers.

Über die Nachbarn, die sich nicht an die Regeln hielten, sondern anfingen, die Teppiche auf dem eigenen Balkon auszuschütteln, schrieb er Folgendes:

»*Ich komme wieder auf die Teppiche zu sprechen, denn dieses Thema geht mit Ordnungsregeln und Wohlbefinden einher. Wenn die Leute nicht selbst denken können, muss man das für sie übernehmen. Und ich kann es nicht leiden, die Teppiche der anderen wie Gardinen vor den Fenstern hängen zu haben, also beschwere ich mich sofort bei dem Nachbarn über uns, weil seine Läufer uns die Aussicht verdecken. So geschehen in unserer früheren Wohnung, A 4, als oben Neulinge einzogen. Aber die Gattin des ehemaligen Hofknechts überhörte meine Warnung. Früher hatte sie ja ebenerdig gewohnt und keine Nachbarn unter sich, auf die sie Rücksicht nehmen musste.*

Als sie meine Ermahnung ignorierte, band ich das Ende ihres

Teppichs fest, sodass sie ihn losreißen musste. Das setzte den hängenden Teppichen ein Ende. Sie fühlte sich ja auch nicht wohl und zog dann, wenn ich es recht verstanden habe, in ein eigenes Haus. Und solche Leute sollten auch in eigenen Häusern wohnen, weit weg von den anderen.

Als wir in diese Wohnung zogen, kam es zu Meinungsverschiedenheiten mit dem Nachbarn. Während des Winters kamen wir miteinander aus, dann aber folgte die Zeit im Jahr, in der man sich wieder auf dem Balkon zeigte. Da sitze ich nun also und genieße ein Tässchen Kaffee oder den Anblick meiner Balkonpflanzen. Ich habe den Fall in meinem heimlichen Notizbuch vermerkt: ›Freitag, 4.6.1982, 17.17 – I. Stock schüttelt Textilien aus. Ich rufe: »Stopp! Stopp!« (Wir hatten den Balkon gefegt und gewischt und wie üblich den Läufer ausgelegt und die Stühle darauf gestellt. Es war eine warme Woche, an diesem Tag herrschten 30 Grad im Schatten. Die Balkontür stand offen, und eine Staubwolke fegte direkt in unser Wohnzimmer – den Rest atmete ich ein und musste mir den Mund mit dem Taschentuch abtupfen.)

Drei Minuten später, 17.20 Uhr. Die Decken werden ausgeschüttelt. Da strecke ich den Kopf vor und sage: »Vom I. und II. Stock aus schüttelt man seinen Staub nicht aus – das darf nie wieder vorkommen!« Bei den letzten Worten erhob ich meine Stimme. Das half.

Dort oben zog ziemlich schnell ein neuer Nachbar ein. Jetzt klappt das Zusammenleben gut. Die Vormieter zogen in den anderen Aufgang – aber die Frau grüßt meine Wenigkeit nicht mehr, nachdem ich die Warnung ausgesprochen habe. Und das soll eine Dame sein – die es eigentlich besser wissen müsste! Aber nein, sie verstehen sich nicht auf die Kunst des Zusammenlebens in derartigen Häusern.«

Das Vordringen in fremde Reviere und das Verteilen von Staub führen dazu, dass die Teppiche des Nachbarn festgebunden werden; wenn sich ein Pedant gekränkt fühlt, lässt er nicht mit sich spaßen. Die Tragikomik liegt natürlich darin, dass er glaubt, seine Nachbarn seien für das Mehrfamilienhausleben ungeeignet, und der Meinung ist, sie sollten lieber in ein eigenes Haus ziehen. Das Gleiche werden die Nachbarn auch von ihm gedacht haben.

Der Zuzug vom Land hält noch immer an, aber die Anpassung an das gemeinschaftliche Wohnen an den Stadträndern sorgt nicht mehr für Komplikationen. Wer in den Vororten geboren ist, für den sind sie Heimat. Wir haben uns an das Zusammenspiel von Privatem und Gemeinschaftlichem gewöhnt. Hinzu kommt, dass wir unsere Teppiche nicht mehr so oft ausklopfen.

Nur wer noch in einem Mietshaus mit Waschküche lebt, kann von Kämpfen auf Leben und Tod berichten. Im Nordiska Museet in Stockholm wurden vor einiger Zeit Zettel gezeigt, die wütende Nachbarn in der Waschküche hinterlassen hatten, wenn jemand vergessen hatte, die Maschine rechtzeitig zu leeren, die Wäsche nicht wegräumte, zur falschen Zeit wusch oder zu lange auf der Leine hängen ließ usw. Der Tonfall der Mitteilungen reichte von leicht gereizt bis aggressiv drohend. Es war eine sehr unterhaltsame Ausstellung. Unter anderem wurde mir bewusst, dass unsere Sprache sehr viel Kraft und Dreck birgt, wenn wütende Menschen ihren Filzstift aufs karierte Papier drücken. Auch in Ihrem Nachbarn kann ein kleiner Pedant wohnen, provozieren Sie ihn nicht. Oder tun Sie es, dann müssen Sie aber ertragen, dass er Sie für einen verdammten Idioten hält und seine Meinung in schwarzen, wütenden Versalien auf ein großes Blatt schreibt. Die Mitteilung wird er anschließend an eine Wand hängen, an der alle vorbeikommen.

Tag XXIV

Ich möchte kein Messie werden, denn das kann tödlich enden Der Pedant geht nicht an seinem Wahn zu Grunde, auch wenn er selbst es vielleicht befürchtet. Aber Menschen, die nie putzen, können tatsächlich an dem Schmutz sterben, den zu beseitigen sie nicht in der Lage sind. Man nennt sie Messies, und sie leiden unter einem ähnlich zwanghaften Verhalten wie der Pedant, nur geht es in eine andere Richtung. Sie misten nie aus. Ihr Haus quillt über vor unnützen Dingen in unkontrollierbaren Mengen – alten Zeitungen und Werbeprospekten, Hundehaaren, Essensresten, die mit dem Untergrund verwachsen und kaum noch identifizierbar sind wegen des Schimmels, der sich wie eine Decke über alles legt.

•

1998 erschien das Buch *Flickan, mamman och soporna* (»Das Mädchen, die Mutter und der Müll«) von der schwedischen Regisseurin Suzanne Osten. Es ist eine kleine, aber sehr ergreifende Geschichte für alle Altersgruppen, behutsam illustriert von Anna Höglund. Erzählt wird die Geschichte von Tia, einem Mädchen, dessen Mutter in eine psychische Krise gerät. Sie hört Stimmen und fühlt sich gezwungen, allerlei Gerümpel zu sammeln, um die Stimmen zu besänftigen. Das kleine Mädchen wiederum muss über alle Anschaffungen Buch führen. Es befestigt Zettel an all den Dingen, die sich düster und stinkend in der Wohnung anhäufen. Bei Tia zu Hause gibt es unter anderem:

»*Rechenmaschine aus Blech, Coca-Cola-Flasche, Stuhl mit drei Beinen, löchrige Tüte, verschimmelter Essensrest, Torte, Zahnpasta-Verpackung, Strumpf, Handcreme-Tube, Stoffklammer, zwei kaputte Telefone, ein heiles, aber klebriges Handy, Kelimkissen, Schienen für eine Modelleisenbahn, Pappschachtel, Kabel, Anti-Schuppen-Shampooflasche, Kartenspiel ohne Herz, Videokassetten, eine leere Spule, Filmdose aus Aluminium, Elfenbein-Kamm mit Silberbeschlag, rote Gummistiefel Größe 38, Kalbsleder-Handschuh mit Tintenfleck, schwarzer BH, neue Ringordner.*

Alles, was man in der Wohnung sieht, ist kaputt, bunt zusammengewürfelt, von anderen ausgemistet und entsorgt worden. All das hat Mama in ihrem Einkaufswagen mit nach Hause gebracht und manchmal auch in der Badewanne abgeduscht und Tia dann gebeten, ein Namensschild dafür zu schreiben. Um nicht von all den Zeitungen zu sprechen, die sich stapeln, und allen möglichen Dosen, einigen davon mit Pipi drin. Die vergisst Mama manchmal auszuleeren.«

Messie-Wohnungen wie die von Tia und ihrer Mutter sind gesundheitsschädlich. Die Feuerwehr hat bestimmte Codewörter, wenn sie zu den Häusern von Messies ausrückt, weil die Brände dort besonders schwer zu löschen sind. Diese spezielle Mischung unterschiedlicher Materialien macht das Feuer unberechenbar, außerdem weiß man nicht, ob man überhaupt zu den Bewohnern vordringen kann, wenn sie sich noch hinter all dem brennenden Gerümpel in ihrem Haus befinden.

•

Es gibt viele pseudo-dokumentarische Fernsehserien, auch über Messies. Sie bekommen Hilfe von Außenstehenden, um all die Dinge zu ordnen, von denen sie sich nicht trennen können. Professionelle Putzleute, die wissen, wie man Ordnung schafft, rücken aus und sortieren, entrümpeln und frischen auf. Und wir vor den Bildschirmen sehen zu, wie das Chaos zu einer übersichtlichen Ordnung wird. In Wirklichkeit bringt man krankhafte Messies aber nicht so leicht dazu,

ihr Verhalten zu ändern, auch wenn ihr Heim nach so einer Aufräumaktion wie neu aussieht. Sobald das Fernsehteam die Scheinwerfer ausgeschaltet hat und davongefahren ist, planen die Messies bereits ihren nächsten Einsatz, und den nächsten und den nächsten. Das Billigkaufhaus ist für sie genauso unwiderstehlich wie die Schnapsflasche für den Alkoholiker. Und die Ursachen für das Hamsterverhalten sind mindestens so vielfältig wie bei anderen Suchterkrankungen; nicht alles lässt sich mit psychologischen Modellen erklären, und nicht alles lässt sich mit Therapien oder Medizin heilen. Nicht alle Messies haben in ihrer Kindheit Mangel gelitten, nicht alle haben den Krieg oder die Nachkriegszeit erlebt. Sogar dreijährige Kinder können schon Messie-Verhalten an den Tag legen, ohne dass ihnen jemand aus der Familie als Vorbild gedient hätte. Manche werden mit einer solchen Neigung geboren.

Wer einen Messie in seinem engeren Bekanntenkreis hat, mag schon bemerkt haben, dass diese Menschen kein gutes Gedächtnis haben, sich leicht verirren und dass ihr Entscheidungsvermögen begrenzt ist. Ihre Konsum-, Sammel- und Kaufwut ist hemmungslos. Außerdem fällt es ihnen schwer, in Kategorien zu denken, eine wichtige Voraussetzung fürs Ausmisten. Wir haben einen Menschen vor uns, der in seinem Zuhause alles, was er besitzt, im Blick haben will, damit er es auch wiederfindet. Denn er knüpft ein emotionales Band zu seinem häufig unnützen Kram, das ihm hilft, sich in seinem Chaos zu orientieren. Die gefühlsmäßige Bindung zu den Gegenständen macht es ihm wiederum unmöglich, auch nur auf einen einzigen von ihnen zu verzichten, ohne ihm eine Kränkung zuzufügen. Zu der emotionalen Aufgeladenheit der Gegenstände tragen auch die Erinnerungen bei: Der Messie erinnert sich an die Situation, als er den Gegenstand gekauft hat, und er erinnert sich an das Lustgefühl, das ihn wärmte, als er ihn nach Hause trug. Solche Erinnerungen entreißt man seinem Leben nicht leichtfertig. Und dieses Lustgefühl ist vergleichbar mit jener Euphorie, die Kleptomanen und Spielsüchtige erleben. Wie das Blut durch die Adern rauscht, wenn man den Gegenstand mit der Hand berührt und ihn aus dem Geschäft und nach Hause trägt, dem sicheren Hort, der einen gegen eine unübersichtliche Welt schützt, in der man sich nur schwer orientieren kann.

Das Hamstern des Messies ist in einem komplizierten Netz aus Gefühlen verstrickt.

•

Zu unserem entfernteren Bekanntenkreis gehört eine Frau, mit der es niemand länger als fünf Minuten aushält. Ihr Gedächtnis ist in kleine Stücke zersplittert, die sie in willkürlicher Reihenfolge auswirft, ohne dass daraus eine zusammenhängende Geschichte wird. Sie verläuft sich immerzu, auch in ihrer eigenen Stadt. Sie trifft Entscheidungen, die niemand nachvollziehen kann. Sie ist auch deshalb anstrengend, weil sie sich den Leuten (den wenigen, die noch so gutmütig sind, sie hereinzulassen) immerzu aufdrängt und bei ihnen zu Hause Dinge umstellt. Sie nennt das Aufräumen; sie komme, um zu helfen. Ihre eigene Wohnung ist bis zum Bersten mit Sachen gefüllt, von denen sie sich nicht trennen kann. Sie muss sie sammeln, sie muss einfach, und in ihrer Ohnmacht sucht sie panisch Zufluchtsorte außerhalb ihres eigenen Zuhauses. Besser das, als zwischen den Müllbergen aufzuräumen. Aber keiner von uns kann sie ertragen, wenn sie im Anmarsch ist, suchen wir das Weite. Eine Zeitlang haben wir uns für unsere Feigheit geschämt.

•

Für die nächsten Angehörigen hat das Hamsterverhalten des Messies fast genauso verheerende Folgen wie der Putzwahn des Pedanten. Jessie Sholl schildert in ihrem Buch *Dirty Secret. A Daughter Comes Clean about Her Mother's Compulsive Hoarding* (2010) den aussichtslosen Kampf, den sie gegen die Sammelwut ihrer Mutter geführt hat. Ich wäre nicht von allein auf das Buch gestoßen, es war meine Schwägerin Lena, die mir den Tipp gab, für den ich ihr unendlich dankbar bin. Lena saß eines Nachmittags auf der Bettkante im Haus ihrer Mutter, zusammengesunken und irgendwie müde. Plötzlich sagte sie: »Ich glaube, ich habe ein zwanghaftes Putzbedürfnis.« Sie hatte sich selbst eine Diagnose gestellt, die mich erstaunte. Ich war nie bei ihr zu Hause, weil sie in Australien lebt, und ich hätte nicht gedacht, dass sie ein so angespanntes Verhältnis zum Putzen hat. Andererseits war es auch nicht ganz überraschend, denn sie ist die Tochter einer

Mutter, die keine Ordnung schaffen will und kann. Und als deren Tochter hat sie ein Buch entdeckt, das von ihrem eigenen Dilemma handelt: Wie befreit man sich mental von den Stapeln, dem Durcheinander, dem Überfluss und dem Gestank? Meine Schwägerin macht gern ein großes Feuer am Strand, zu dem sie heimlich den Schrott und das Gerümpel ihrer Mutter trägt. Aber die mentalen Lasten verschwinden nicht so einfach in Schall und Rauch.

Jessie Sholls Mutter lebte in einem Haus, dass sie mit Müll gefüllt und bis zur Wertlosigkeit hatte verfallen lassen, irgendwann hauste dort auch das Ungeziefer. Die Tochter, die versuchte, das Haus der Mutter grob zu entrümpeln, holte sich dabei die Krätze, die sie wiederum an ihren Mann weitergab, und es kostete die beiden ein Jahr und viele Tinkturen, bis das intensive Jucken endlich verschwunden war. Es quälte die Tochter, dass sie so weit von der Mutter entfernt wohnte, die gerade wegen Darmkrebs operiert wurde: Welche Krankenpflegerin würde sich bereit erklären, ein solches Haus zu betreten, um die operierte Mutter zu versorgen? Aber am schlimmsten von allem: Die Tochter trägt an einer Scham über die erdrückende Mutter, die alles überquellen ließ. Früher brachte sie nie Freundinnen mit nach Hause, und sie wagte es nicht, anderen zu zeigen, wo sie wohnte. Sie schämte sich für die Scham, die sie empfand, wenn sie die Ordnung im Haus einer Freundin genoss. Heute schämt sie sich dafür, dass sie die Krätze und den Zustand ihrer Mutter vor allen verheimlicht. Sie schämt sich für ihren Wunsch, sich nicht mehr für die Probleme ihrer Mutter verantwortlich zu fühlen, obwohl sie weiß, dass sie sich von ihr lösen muss.

Jessie Sholls Buch ist eine atemlose Bestandsaufnahme zweier hoffnungsloser Zustände, begleitet von einigen Fragen, die nach einer Antwort verlangen: Kann die Tochter der Mutter helfen, ihr krankhaftes Horten zu überwinden? Und wird die Tochter sich von ihrer eigenen Last, der ständigen Scham, befreien können? Und dann die nagende, brennendste Frage: Ist dieses Messieverhalten erblich? Was, wenn es der Tochter gelingt, der Mutter zu helfen, sich von ihrer Abhängigkeit zu lösen, sie ihr aber selbst eines Tages verfällt, wenn sie sich nicht vorsieht?

•

In einem Diskussionsforum im Internet stoße ich auf diverse gute Ratschläge, wie man die Messies verstehen und mit ihnen umgehen soll. Ein Teilnehmer, der heftig darum kämpfte, seine betagte Mutter zu verstehen, wurde zwei Jahre lang von anonymen Leidensgenossen unterstützt: Tragen Sie immer mal wieder ein bisschen Müll hinaus! Antwort: Das hilft nichts, denn sie geht zur Mülltonne und sucht ihren Kram wieder heraus. Sorgen Sie dafür, dass Sie eingewiesen wird! Antwort: Das ist nicht so leicht, man braucht die Gutachten zweier Ärzte, und ich schaffe es nicht einmal, sie zu dem ersten zu bewegen, denn sie hält sich ja nicht für krank. Bestellen Sie eine Reinigungsfirma! Antwort: Dann schließt sie die Tür ab, denn sie ist der Meinung, außer ihr könne niemand entscheiden, was wertvoll ist und was nicht. Erstatten Sie Anzeige bei der Brandschutzbehörde! Antwort: Es hat funktioniert! Der Brandschutzbeauftragte kam, und er hat eine Verwarnung ausgesprochen und dafür gesorgt, dass all das Gerümpel in einen Container geworfen wurde, den man anschließend weit wegschaffte. Schließlich hat meine Mutter sich auch bereit erklärt, eine Therapie zu machen und Medikamente einzunehmen. Langsame Fortschritte, ich atme durch und hoffe, dass diese Netzdiskussion für immer abgeschlossen ist.

Tag XXV

Ich suche eine Synthese Es gibt Tage, an denen ich verzweifeln könnte. Ich werde von einer bitteren Melancholie erfasst und möchte das Beste aus dem vergangenen Jahrhundert zurückholen. Ich male mir eine idealisierte Zeit aus, in der es mich noch nicht gab: das frühe 20. Jahrhundert, als die Vernunft zum Leitstern und Maßstab für die gesellschaftliche Entwicklung wurde. Und ich wünsche mich zurück in die Sechziger- und Siebzigerjahre, an die ich mich nur fragmentarisch erinnere, die Zeiten, als Olof Palme am Rednerpult stand und Gerechtigkeit forderte und Ungerechtigkeit verurteilte, egal, ob im faschistischen Spanien oder im heimischen Schweden. Klare Visionen von einem gleichberechtigten Leben, Worte, die mit moralischen und politischen Forderungen aufgeladen waren. Die mächtigen politischen Worte sind an Schwindsucht gestorben, ebenso wie die schönen kirchlichen Worte wie Gnade, Gerechtigkeit, Versöhnung und Barmherzigkeit.

•

Heute entspringen die Sprache und die Ziele in Politik und Berufsleben der Wirtschaft. Strategien, Ergebnisverantwortung und Bilanzen engen uns ein, ersticken uns mit ihren Forderungen, und man findet nur schwer die richtigen Worte, um sich zu wehren.

Vor etwa zehn Jahren schrieb ich eine Rezension über die Hundertjahr-Chronik des finnlandschwedischen Martha-Verbandes. Bei meiner Lektüre erfuhr ich, dass die Berater des Martha-Verbands in den Dreißigerjahren umherreisten und Modelle für Idealküchen vorführten, die den Frauen die Hausarbeit erleichtern sollten. Sie sollten anfangen, an ihren Schritten zu sparen, ihre Hände gezielter einzusetzen. Für die Schären gab es in den Vierzigerjahren ein spezielles Boot, das die montierbare Küche transportierte. Die Aufklärungsarbeit war buchstäblich mit den Händen greifbar. Schrankelemente wurden passend montiert, Porzellan wurde an seinen Platz gestellt, die Schränke mit dem Trockengestell geöffnet.

Kürzlich las ich auch die Hundertjahr-Chronik des åländischen Martha-Verbandes. In dem Inselreich zwischen Finnland und Schweden wurde er etwas später gegründet als auf dem Festland, im Jahr 1912. Auch in dieser Chronik entdeckte ich ein Bild von einer Modellküche aus den Dreißigerjahren, aber im Text stolperte ich über etwas, das mir auch schon in Erzählungen über die Auswirkungen der Martha-Bewegung auf dem Land begegnet ist: Wenn man etwas Neues einführt, wird gleichzeitig etwas Altes verdrängt. Auf den Åland-Inseln waren viele darüber besorgt, dass die traditionelle Wohnküche nicht zu dieser neumodischen Erfindung passen könnte. Die Häuser waren für eine andere Zeit gebaut – war man wirklich bereit, jahrhundertealte Traditionen aufzugeben? Die feste Raumeinteilung? Die Möbel? Die selbstgewebten Textilien? Dinge, die ihren angestammten Platz hatten? Zu wessen Vorteil sollte die Veränderung geschehen? War es in Wahrheit die Oberschicht in der fernen Hauptstadt, die die Regeln bestimmen durfte und die drohte, eine ganze Lebensform unter die Lupe zu nehmen, um sie dann auf die Müllhalde zu verbannen?

Was die Bewohner Ålands angeht, fiel das Resultat gar nicht so schlecht aus. Veränderungen wurden zwar durchgesetzt, aber meistens so, dass Altes und Neues sich ergänzte. Im Jahr 1936 präsentierten die åländischen Martha-Frauen sich mit ihren neuen Küchen und alten Textilien vor einem großen Publikum auf dem Festland, und das Ergebnis sorgte für Aufsehen. Altes und Neues Seite an Seite, das war ein verlockendes Modell.

Wenn ich heute mit Frauen spreche, die in der Martha-Bewegung aktiv sind, höre ich oft, dass sie nicht länger als rückständig abgestempelt werden wollen. Sie sind auf der Suche nach einer neuen Identität, zu der die Bezeichnung City-Martha passen würde. Ich bewundere die beharrliche altmodische, aber trotzdem innovative Auseinandersetzung mit dem, was heute als »staubig« bezeichnet wird. Dieses Modell kann nicht ganz falsch sein, wenn sich das neue Millennium seinen Weg in unser Post-Nokia-Leben, nach der Finanzkrise, bahnt. Auch die alte Martha hat unseren Respekt verdient. Ihre Verdienste sind groß. Sie hat den Frauen beigebracht, wie ihre Kinder in einer Zeit hoher Kindersterblichkeit überleben können, sie hat ihnen beigebracht, ihr eigenes Gemüse für den Winter anzubauen und gleich noch einen Teil davon zu verkaufen, um eigenes Geld zu verdienen. Sie brachte ihnen bei, ihre Arbeit im Haushalt auf eine vernunftbestimmte Art und Weise zu organisieren. Ich habe den tiefsten Respekt für das Wissen und Können, das in den Gelenken und Muskeln der Hände gespeichert ist. Die Hand, die Schönheit schaffen und gleichzeitig Bakterien und Staub wegwischen kann, ist eine schöne Hand.

•

Als ich heute die Zeitung las, machte mich das glücklich. Ich fand ein langes Interview mit der schwedischen Kulturjournalistin Ulrika Knutson mit dem Titel »Bildung braucht keine Bücher«. Sie spricht sich dafür aus, Menschen wieder stärker zu fördern. Zu Beginn des 20. Jahrhunderts war ein solcher Austausch weit verbreitet, und damals profitierte die privilegierte Oberschicht davon. Ja, sie konnte einiges von den einfachen Leuten lernen, nicht zuletzt von deren praktischen und kreativen Fertigkeiten. Heute wiederum will man ausgerechnet dieses ganzheitliche Lernen, ein Praxis und Theorie verbindendes Wissen aus den Schulen verbannen, Ausbildungen sollen deutlicher »zielführend« und kürzer werden und auf die Bedingungen des Arbeitsmarkts zugeschnitten sein. Ulrika Knutson verteidigt die nicht aus Büchern gewonnene Bildung nachdrücklich: »Unsere Gesellschaft besteht nicht nur aus Lesern, aber auch Nicht-Leser können gebildet sein. Man muss nur zuhören können und aus den

Begegnungen mit anderen Menschen einen Nutzen ziehen. Lauschen und leben. An der Schwelle zum 20. Jahrhundert haben die Menschen noch ein Loblied auf das Zusammenspiel von Hirn, Herz und Hand gesungen, das fasziniert mich.«

Da habe ich sie. Das ist die Formulierung, die ich zur Verteidigung gegen jene Gesellschaftswissenschaftler brauche, die gleich von Analphabetismus sprechen, wenn einer den Kanon nicht beherrscht, Flora und Fauna nicht kennt. Das Leben, wie ich es mir vorstelle, ist ein Zusammenspiel aus Hirn, Herz und Hand. Deshalb interessiere ich mich für die Hirnforschung, lese und denke leidenschaftlich über dies und jenes nach, wann immer ich Zeit habe. Deshalb führe ich ein intensives Leben mit vielen Freunden, deshalb stricke, putze und sticke ich. Hirn, Herz und Hand.

Tag XXVI

Ich habe ein neues Putzwerkzeug entdeckt: eine Bürste, mit der man die Fugen zwischen den Kacheln reinigen kann.

Tag XXVII

Zeit, zu putzen.

Tag XXVIII

Morgen.

Literatur

Catherine Beecher und Harriet Beecher Stowe: *The American Woman's Home: Or, Principles Of Domestic Science; Being A Guide To The Formation And Maintenance Of Economical, Healthful, Beautiful, And Christian Homes.* New York: J.B. Ford and Company; Boston: H.A. Brown & Co, 1869

Rosie Cox et al.: *Dirt. The Filthy Reality of Everyday Life.* London: Profile Books, 2011

Tove Jansson: *Geschichten aus dem Mumintal.* Aus dem Finnlandschwedischen neu übersetzt von Birgitta Kicherer. Würzburg: Arena, 2014 (2005). [Finnische Erstausgabe 1962]

Tove Jansson: *Herbst im Mumintal.* Aus dem Finnlandschwedischen neu übersetzt von Birgitta Kicherer. Würzburg: Arena, 2014 (2006) [Finnische Erstausgabe 1970]

Bodil Jönsson: *Zeit. Wie man ein verlorenes Gut zurückgewinnt.* Aus dem Schwedischen übersetzt von Gabriele Haefs. Köln: Kiepenheuer & Witsch, 2000

Karl Ove Knausgård: *Sterben.* Aus dem Norwegischen übersetzt von Paul Berf. München: Luchterhand, 2011

Xavier de Maistre: *Die Reise um mein Zimmer.* Aus dem Französischen übersetzt von Eva Mayer. Berlin: Aufbau, 2011

Sarah Pink: *Home Truths. Gender, domestic objects and everyday life.* Oxford: Berg, 2004

Jessy Sholl: *Dirty Secret. A Daughter Comes Clean about Her Mother's Compulsive Hoarding.* New York: Gallery Books, 2010

Gunilla Wolde: *Totte räumt auf.* Aus dem Schwedischen übersetzt von Jens Roedler. Reinbek: Carlsen, 1972